Storie dal Molise

Una regione italiana ingiustamente dimenticata

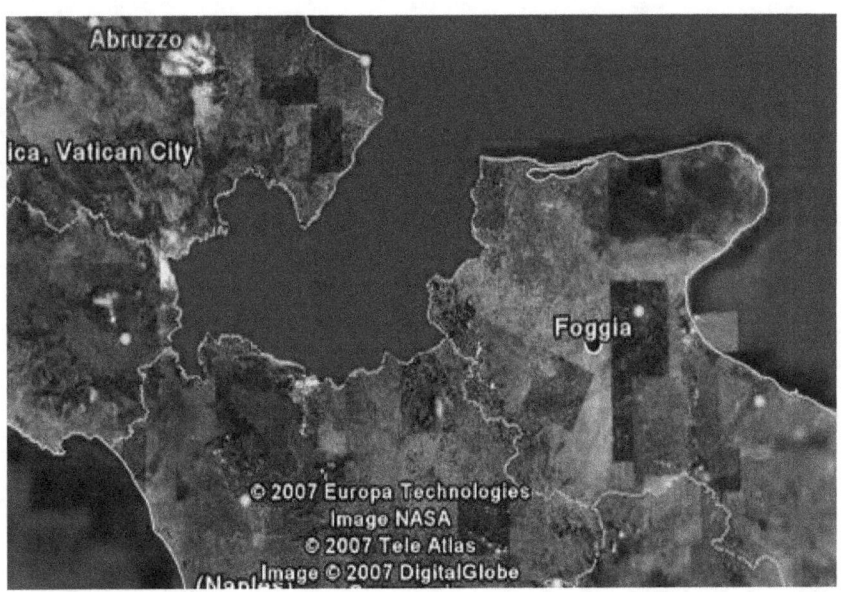

Salvatore M. Ruggiero

Ho studiato a lungo la geografia, la fisica, la fisiognomica e la chimica dell'Italia, e sono giunto alla conclusione che il fatto che nessuno ricordi il capoluogo del Molise, il piatto tipico del Molise, una canzone popolare del Molise o perfino il dialetto di questa regione, si può spiegare così: il Molise non esiste.

(Dottor Gregory Donald Johnson)

Il Molise è tra le plaghe più segrete, profonde e meno conosciute del nostro paese.

(Guido Piovene)

Ai molisani, al Molise,
e a tutti quelli che pensano che il
Molise non solo esiste ma è anche bello.

Presentazione

Oltre ad essere la più piccola, insieme alla Valle d'Aosta, delle venti regioni italiane, il Molise è sicuramente la meno conosciuta; quella meno battuta dai sentieri turistici; quella di cui anche i connazionali sanno e conoscono di meno. Ecco perché ho voluto aprire il mio libro con due frasi che possono suonare quasi offensive; che sono un pugno nello stomaco per chi legge, proferite, ritengo a ragione, da due personaggi diversi e contrapposti. Il primo, meno noto e probabilmente irreale, perché frutto della fantasia galoppante di qualche buontempone: il Dottor Gregory Donald Johnson[1]; l'altro sicuramente vero e autorevole: Guido Piovene[2]. Tuttavia l'aforisma del fantomatico Dottor Johnson in questo caso ci fa assai comodo, ci fa gioco, ci tiene bordone, come si suol dire. Se, infatti, in un passato abbastanza prossimo ai nostri giorni, aveste domandato a un turista un parere personale sul Molise, quello non avrebbe saputo darvi una risposta, perché... ignaro, o quasi, dell'esistenza di questa regione. Oggi, per fortuna, la nostra e del Molise, tutto è diverso. Anche all'estero il Molise è ormai noto come la regione italiana che *non esiste*. Si sta facendo un nome proprio a causa della sua inesistenza. L'opinione di molti turisti che non hanno ancora visitato la regione, incluso quelli italiani, è che in giro si dice *il Molise non esiste*. Il che è un paradosso, ovvio. Ma, probabilmente, si dice che *il Molise non esiste* perché non dovrebbe esserci davvero niente di particolarmente interessante da vedere. E

---

1 La frase è colta da *Nonciclopedia*, un sito famoso per le false citazioni.

2 Guido Piovene è stato uno scrittore e giornalista italiano.

questo è abbastanza buffo di suo, ma fa venire a molti turisti *per caso* la curiosità di visitare la regione. Ho anche letto in alcuni *forum* stranieri di persone che nutrivano un certo interesse verso il Molise e si chiedevano se veramente questa regione esista o sia solamente una regione mitologica, frutto della fantasia. Quindi passare dal non sapere dell'esistenza di una regione a ridere del fatto che il Molise non esiste, potrebbe essere sicuramente un passo in avanti per l'indotto turistico dell'intera regione. Così, chi visita il Molise immortala i suoi momenti magici con delle belle foto e continua a scherzarci su. Il problema, che resta però, è spingere oppure attirare i turisti in Molise. Perché, dunque, i turisti dovrebbero andare nel Molise, quando potrebbero andare in Campania, in Sicilia, in Toscana, nel Lazio, in Puglia, in Romagna o in una delle altre 19 regioni d'Italia? La risposta è semplice: perché *il Molise non esiste!* Non è affatto un'espressione discriminatoria dire che *il Molise non esiste.* Anzi, è, ormai, vista dai molisani e da tutti coloro che conoscono e amano il Molise, come uno *slogan* pubblicitario, una frase a effetto, detta per suscitare curiosità nelle persone che, senza questo valido motivo, non sceglierebbero il Molise come prima opzione per un viaggio e che, probabilmente, non lo farebbero rientrare nemmeno nella *top ten* delle loro mete. Di chi è la colpa del ritardo con cui il Molise sta entrando nei grandi itinerari turistici? La colpa è, ovviamente, dei politici e degli amministratori, per le loro scelte: quelle mai fatte, quelle evitate, quelle sbagliate. Ma qualche colpa, probabilmente, ce l'ha anche la geografia della regione. Il Molise, proprio come la Valle d'Aosta, è una regione piccola e montuosa, ma non è nota, ad esempio, per il turismo invernale e per i suoi impianti sciistici; e nemmeno per quello estivo e per le sue località balneari. Pure se dovrebbe esserlo. Tuttavia chi, come me, ci si è recato molte volte, per lavoro e per diporto, non può che rimanere sorpreso di quanto ci sia di bello da vedere. Tanto di bello da far dire a Franco Arminio[3], profondo conoscitore dell'Italia interna: *Il Molise non è una regione! Il Molise è una vitamina*. Il Molise è stata per anni la regione italiana con il più basso numero di visitatori e con la percentuale più bassa di movimento turistico. Ma questa tendenza ha cominciato a invertirsi nei primi anni di questo terzo millennio. Il territorio della regione possiede vaste aree di verde incontaminato, nonché pianure, montagne e anche 35 km di belle coste, con annessi spiagge e mare. Il turismo marittimo, infatti, risulta molto importante ed è concentrato su Termoli e Campomarino, mentre il turismo di montagna riguarda specialmente l'attività sciistica presso Campitello Matese e Capracotta. Il turismo artistico e culturale è appannaggio, invece, delle sue principali città: Campobasso, Isernia, Venafro.

Campobasso è famosa per essere una *città giardino* e per il suo borgo medievale, nel quale si trovano alcune chiese storiche del periodo romanico e il Castello Monforte[4].

Isernia è conosciuta per la Cattedrale, per la pregevole Fontana Fraterna, ma soprattutto per l'*Homo Aeserniensis*, datato 700.000 anni e risalente al Paleolitico[5].

---

[3] Franco Mario Arminio, nato a Bisaccia il 19 febbraio 1960, è un poeta, scrittore e regista italiano, autodefinitosi *paesologo*.
4 Il castello Monforte è monumento nazionale e simbolo della città di Campobasso.

[5] Il Paleolitico, dal greco: παλαιός *palaios*, antico, e λίθος *lithos*, pietra, ossia *età della pietra antica*, è il periodo della preistoria in cui si sviluppò la tecnologia umana con l'avvento dei primi strumenti in pietra da parte di diverse specie di ominidi. Iniziò circa 2,5 milioni di anni fa e terminò 12.000 anni fa con l'introduzione dell'agricoltura e il passaggio al Mesolitico.

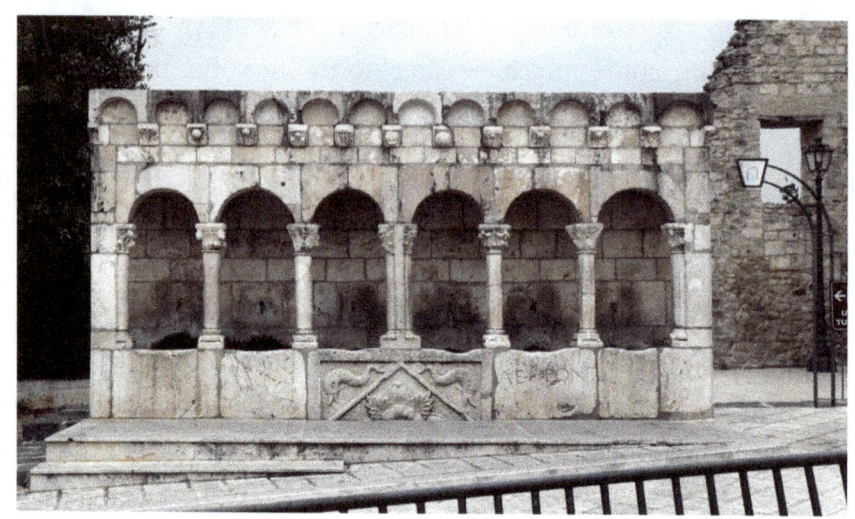

Venafro è città d'arte, ricca di testimonianze storiche di ogni epoca. Celebre per il suo borgo rinascimentale in stile napoletano, conserva anche numerosi monumenti e reperti di epoca romana quali il teatro, l'*odeon*, l'anfiteatro, l'acquedotto augusteo e resti di ville romane. È anche conosciuta come la Città delle 33 chiese, per il numero cospicuo di edifici di culto presenti nel suo centro storico. Ma non meno numerosi sono i palazzi signorili e le fortificazioni militari. Tra le quali l'imponente Castello Pandone. Nei pressi del centro storico è anche visibile una cinta di mura megalitiche, con una fase di epoca sannitica risalente al IV secolo a.C. ed una in opera poligonale del I secolo a.C..

Molto visitato, specialmente dai turisti che viaggiano verso la Puglia, è anche il borgo medievale di Termoli, per il Duomo e il Castello Svevo.

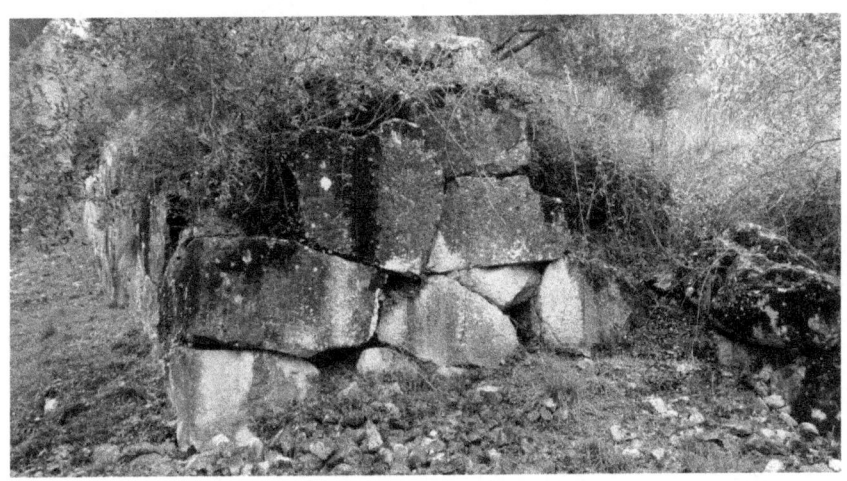

Larino è nota come *la piccola Roma*, poiché custodisce l'anfiteatro Romano, il foro, le *thermae* e altri luoghi di interesse come i mosaici della Lupa, del Polpo, del *Kantharos*, del Leone.

Altri centri di sicuro interesse, sebbene più piccoli dei precedenti, sono soprattutto: Agnone, la cosiddetta *Atene del Molise*, per la presenza della storica fabbrica di campane della Fonderia Pontificia Marinelli e per la *'Ndocciata*, evento tra sacro e profano dedicato al rito del fuoco; Frosolone, capitale meridionale della lavorazione artigiana di forbici e coltelli, che vanta una tradizione con radici medievali nella lavorazione delle spade; Bojano e il suo borgo medievale di Civita Superiore; Guglionesi; Pietrabbondante, dove sono presenti importanti resti archeologici; Pescolanciano; Sepino, con la sua famosa area archeologica romana di Altilia; Capracotta.

Dal turismo artistico e religioso sono state riscoperte le storiche abbazie di San Vincenzo al Volturno e Santa Maria del

Canneto, testimonianza del romanico molisano, come anche la chiesa di Santa Maria Maggiore di Guglionesi e quelle di San Giorgio di Campobasso e Petrella Tifernina. Il territorio è anche molto ricco di castelli e borghi fortificati, come Bagnoli del Trigno, Civitacampomarano, Agnone, Torella del Sannio, Lupara e Sant'Elia a Pianisi. Alcuni castelli come Castropignano e Civitacampomarano hanno conservato la forma originaria del XIII secolo circa, mentre molti altri sono stati trasformati in residenze signorili dai nobili napoletani, come il castello Pandone di Venafro, il castello D'Alessandro di Pescolanciano o il castello De Capoa di Gambatesa.

Per ultimo, ma non certo per importanza, il Molise ha riscoperto il suo interessantissimo passato pre-romano, con varie campagne di scavi presso il territorio dell'antico Sannio, scoprendo vari villaggi e fortificazioni dei popoli Sanniti Pentri[6]. Sono molto rappresentativi il villaggio di *Saepinum* a Sepino Altilia e l'area sacra del Teatro di *Bovianum Vetus* a Pietrabbondante.

Oltre a tante bellissime città, il Molise ospita paesini incantevoli con nomi curiosi e sorprendenti[7]: Oratino, Fornelli, Frosolone, Pesche, Castellino del Biferno, Termoli, Bagnoli del Trigno, Monteroduni, Castel San Vincenzo. Tutti posti con un passato storico interessantissimo.

La regione fu abitata prima dai Sanniti, poi da Romani e successivamente dai Longobardi, dai Saraceni, dagli Spagnoli e

---

[6] I Pentri erano una delle quattro tribù che costituivano il popolo dei Sanniti e che facevano parte della confederazione che andava sotto il nome di Lega sannitica.
[7] Per maggiore conoscenza il lettore può scorrere la nota con i nomi di tutti i paesi.

dai Normanni. Pertanto offre molti siti archeologici interessanti e piacevoli da visitare e da vedere.

Come le altre regioni italiane più famose, il Molise offre grandi prelibatezze culinarie. I fusilli, ad esempio, e in generale la pasta a cui deve molta della sua fama gastronomica. I salumi, a cominciare dal *capofreddo* o *coppa molisana*, un insaccato a base di carne suina aromatizzato con finocchio, aglio, peperoncino e alloro. Una molteplice e variegata offerta di formaggi, tra i quali il rinomato caciocavallo di Agnone e il formaggio caprino di Montefiascone del Sannio. Molto noti anche il legume autoctono, il rinomato farro dicocco del Molise, i fagioli di Riccia e il mais Agostinello. Infine, il tartufo. Si tratta di un prodotto noto in tutto il mondo, in quanto particolarmente pregiato e prezioso. Il tartufo bianco molisano, infatti, è molto difficile da trovare in quanto cresce fino ad un metro di profondità. Il territorio molisano propone tartufo bianco in abbondanza, non a caso gran parte delle sue esportazioni sono legate alla produzione di quest'ultimo. Il tartufo bianco ipogeo nasce, cresce e si sviluppa nel periodo che va da settembre a gennaio. Si tratta di un prodotto che presenta particolari caratteristiche organolettiche e di composizione sia della gleba, si tratta della polpa interna del tartufo che ha un colore simile al rosa cipria, ed è caratterizzato da sottili venature, sia del peridio, la scorza del tartufo, che è molto liscia e ha un colore che va dal giallo al beige, condizione che dipende principalmente dal luogo di produzione. Per finire, il profumo, una delle principali caratteristiche del tartufo bianco, che è inconfondibile e soprattutto molto intenso e persistente.

Tra le tante curiosità della regione ne cito solo quattro. La prima dedicata ai lettori cinefili: il famoso attore statunitense Robert De Niro vanta origini molisane: i suoi nonni erano originari di Ferrazzano e lui, recentemente, si è fatto iscrivere nelle liste elettorali del comune in provincia di Campobasso. La seconda: il Molise viene definito la Greenwich italiana grazie a Termoli, una piccola città con particolari caratteristiche. Proprio qui si incrociano due linee immaginarie: il 42° parallelo Nord e il 15° meridiano Est. La terza: non tutti sanno che in Molise sono state girate diverse scene di film. Come ad esempio: *La legge è legge,* con Totò, interamente girato a Venafro; sempre a Venafro, sulle sponde del Volturno, sono state girate alcune scene del film *Continuavano a chiamarlo Trinità* con Bud Spencer e Terence Hill; anche il film *Non ti muovere* di Sergio Castellitto è girato in gran parte in Molise tra Bojano, Campobasso e Fossalto; e tra i film più recenti c'è il *Sole a Catinelle* con l'attore comico Checco Zalone. L'ultima curiosità, e anche la meno edificante, riguarda la politica. Pare che l'ex Presidente della Repubblica Giorgio Napolitano, per il quale non ho mai nutrito una personale simpatia, abbia ammesso candidamente di aver visitato ripetutamente tutte le regioni italiane, fatta eccezione per il Molise. Pare che pure lui abbia preso sul serio l'inesistenza del Molise. Solo che la più alta carica dello Stato non è un turista *per caso.* Purtroppo.

Agnone, il paese delle campane

Si arriva ad Agnone percorrendo una serie di tornanti sbilenchi e sgarrupati che si snodano per chilometri che paiono interminabili sui fianchi di una collina coperta da una strana vegetazione selvatica, con qualche orticello disseminato qua e la. Accedo al paese da nord. E la cosa strana è che, quando ci arrivi, non sai che anno è. Per quello che vedi il tempo pare essersi fermato. Potrebbero essere gli anni '60. I palazzi intorno alla piazza, grigi e polverosi, in silenzio suggeriscono quest'epoca. Poi guardi le auto che circolano, ti convinci di stare nel terzo millennio, e la sensazione distopica, per fortuna, finisce. La piazzetta è lastricata di pietra. La gente è quieta. Fa freddo. Siamo in aprile, ma il paesone è a 830 m.s.l.m.. Il paese delle campane lega la sua fama alle fortune della famiglia Marinelli. Ma qui in molti si chiamano Marinelli. E' in visibile declino demografico: 150 anni fa faceva quasi 12.000 abitanti, adesso sono poco più di 5.000. Decimato dalla disoccupazione. Il lavoro non basta e vanno a cercare fortuna all'estero. Storia vecchia. Per salvare il salvabile e per dare spinta al turismo hanno pure fondato un *Museo Internazionale della Campana* che sorge proprio accanto l'antichissima Fonderia Pontificia Marinelli, che è l'azienda a conduzione familiare più antica d'Europa e la seconda in tutto il mondo. Fu fondata nel lontano anno 1000. Si trova in una traversa di Via Marconi a due passi dal centro. Mentre le Antiche Fonderie del Rame si trovano a pochi chilometri dal centro abitato, nella valle del Fiume Verrino: sono delle fonderie a funzionamento idro-meccanico nelle quali si producevano dei semilavorati in rame che

15

venivano poi inviati alle oltre 180 botteghe di ramai agnonesi
che, da tali semilavorati, creavano tine, caldaie e altri oggetti in
rame.

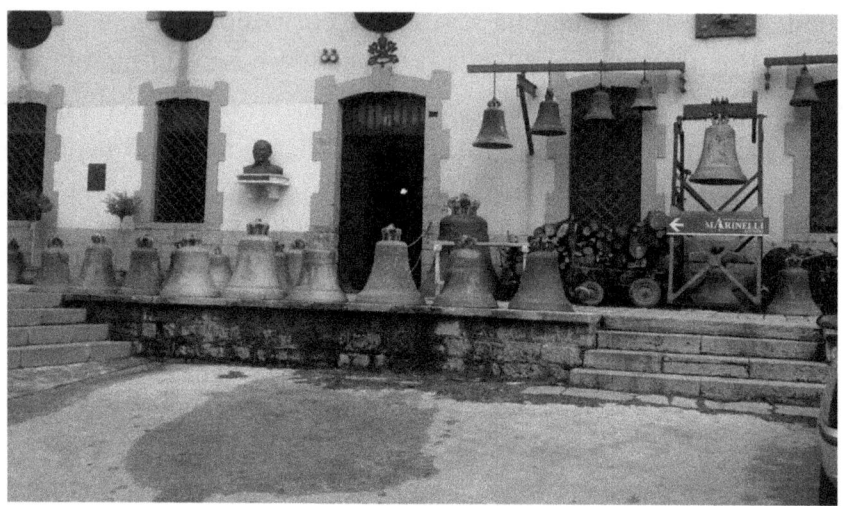

Vado a fare colazione in un baretto del centro. Attacco subito
bottone con la barista. Una moretta bassina, ma simpatica e,
pare, affidabile. Il tipo giusto per fare qualche domanda mirata
e sapere qualcosa di più del posto. Le chiedo cos'altro c'è ad
Agnone di famoso, oltre alle campane e mi risponde veloce: la
Ndocciata! *Mai sentito*. Rispondo io, stupito. Lei disponibile
mi spiega, mentre prepara il caffè per un altro avventore. In
verità pare più interessata a parlare con me che a servire l'altro.
Arguisco che non capitano spesso paesologi da queste parti.
Finalmente, compita, mi racconta la sua storia: *Il 24 dicembre
ad Agnone si svolge la 'Ndocciata. E' il più grande rito di
fuoco che si conosca: è una sfilata di migliaia di enormi
fiaccole costruite artigianalmente.*

Tornato a casa, dopo qualche ricerca, scopro che dal 2000 tale evento si svolge stabilmente anche il giorno dell'Immacolata Concezione e che nel 1996 la *'Ndocciata* fu esportata a Roma, addirittura al cospetto di Papa Giovanni Paolo II.

Per finire, una nota di colore. La televisione è arrivata anche ad Agnone e qui tutti si ricordano di un personaggio famoso, in realtà nato a Napoli, ma da genitori originari di una frazione vicina, che si chiama Villacanale. Si tratta della nota attrice Alessandra Carina Mastronardi, la Eva Cudicini dei Cesaroni.

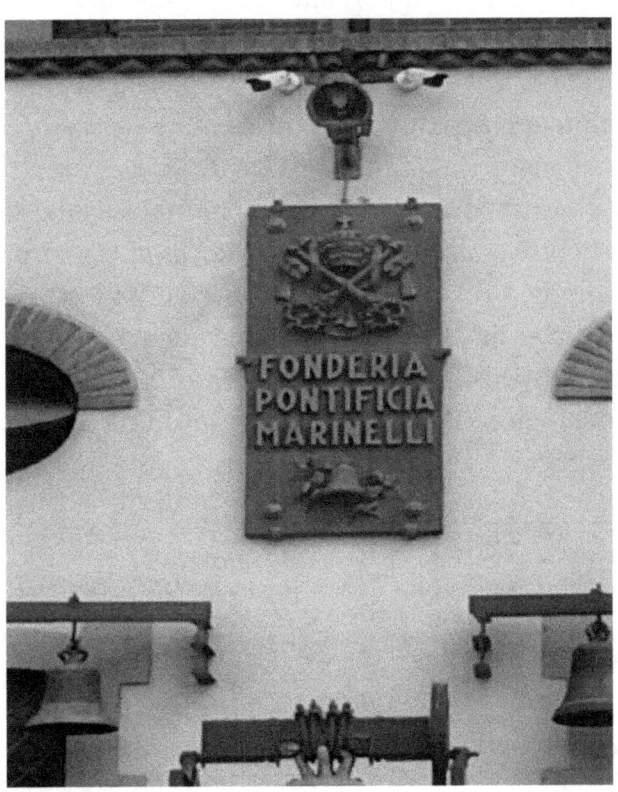

L'*Homo Aeserniensis*

Il ritrovamento dell'*Homo Aeserniensis*[8], avvenne casualmente nel 1979 durante i lavori di sbancamento per la superstrada Napoli-Vasto. I reperti sono stati portati alla luce grazie all'attività dell'Istituto Universitario di Paleontologia dell'Università di Ferrara e dei professori Peretto, Sala e Cremaschi. L'*homo aeserniensis* è entrato di diritto nella storia della paleontologia, non solo italiana ma anche mondiale, come segno di una tappa importante nella continua ricerca delle origini dell'umanità. Scientificamente si tratterebbe di una specie locale di *homo heidelbergensis*[9], genere intermedio nella scala evolutiva umana tra *homo erectus*[10] e *homo sapiens*[11]. Un milione di anni fa, infatti, l'*homo Aeserniensis* ha dato attuazione al primo conglomerato abitativo-sociale, alla prima forma di bonifica, al primo uso del fuoco, al primo impiego di tecnica coloristica a fini estetici. Circa un milione e mezzo di anni fa gruppi di esseri umani abbandonarono la loro terra d'origine, l'Africa orientale, e si diffusero in Europa ed in Asia[12]. Erano piccoli e tarchiati, con un viso caratterizzato dalla fronte sfuggente, dall'assenza di mento, da una mandibola

---

[8] In latinio: Uomo di Isernia.

[9] Homo heidelbergensis è un ominide estinto vissuto tra 600.000 e 100.000 anni fa. Il nome è stato attribuito a ritrovamenti fossili precedentemente definiti come *Homo sapiens arcaico*, con particolare riferimento a quelli trovati in Germania presso Heidelberg, nel Baden-Württemberg, sulle rive del fiume Neckar.

[10] *Homo erectus*, in latino *erectus* significa *che sta dritto*, è una specie di ominide estinta, appartenente al genere *Homo*.

[11] *Homo sapiens*, dal latino *uomo sapiente*, è la definizione tassonomica dell'essere umano moderno. Appartiene al genere *Homo*, di cui è l'unica specie vivente, alla famiglia degli ominidi e all'ordine dei primati.

[12] Gli evoluzionisti parlano di migrazione *out of Africa*.

poderosa e da due rigonfiamenti sulle orbite. Il volume del cervello invece aveva già quasi raggiunto quello dell'uomo attuale, ed erano individui dotati di un coraggio e di un'inventiva straordinari. Infatti nei 3 milioni di anni precedenti avevano imparato a camminare eretti, ad usare le mani sotto la guida del cervello, a creare oggetti, a difendersi con l'astuzia più che con la forza bruta, a modificare l'ambiente e a vivere con i propri simili.

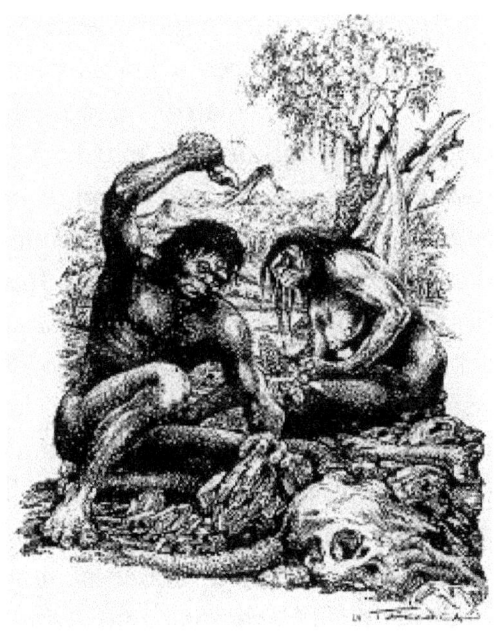

Protagonisti di tale lento processo furono: l'australopiteco[13], l'*homo habilis* e l'*homo erectus*, colui che decise di conquistare il mondo. L'*homo erectus* lasciò il posto solo centomila anni fa

---

[13] L'australopiteco è un genere estinto di primati della famiglia degli ominidi, che si ritiene appartenente alla linea evolutiva dell'uomo. Il nome significa *scimmia del sud*, dal latino *australis*, *meridionale* e dal greco πίθηκος, *scimmia*.

all'*Homo sapiens*. All'inizio della migrazione dunque, circa un milione e mezzo di anni fa, l'*homo erectus* non sapeva ancora servirsi del fuoco, e quindi la sua diffusione si limitò alle zone meridionali del continente. Queste comunità di cacciatori dapprima vissero in grotte; successivamente allestirono accampamenti all'aperto, sempre accanto ad un lago o ad un corso d'acqua. Circa un milione di anni fa anche la penisola italica doveva essere popolata, seppure sporadicamente. Solo la scoperta dell'abitato di Isernia, giunto fino a noi intatto, ha permesso di chiarire molti lati oscuri di questa prima fase della preistoria. Il giacimento, non ancora interamente esplorato, si estende per circa 30.000 metri quadri. La datazione dell'accampamento ad un milione di anni fa è stata possibile grazie a sofisticate analisi fondate sui tempi di trasformazione del potassio argon, su mutamenti di polarità magnetica, sullo studio dei fossili e della stratigrafia del sito. In quel periodo, alla vigilia di manifestazioni vulcaniche che ne avrebbero notevolmente modificato l'aspetto orografico, si presentava come una vasta prateria, inframmezzata da larghi tratti di palude e attraversata da un corso d'acqua lungo il quale si innalzavano platani, pioppi olmi e salici. Nella savana vivevano bufali, ippopotami ed elefanti. Poco lontano, nei boschi sulle colline, si nascondevano orsi, cinghiali, cervi, daini e capre selvatiche. L'accampamento sorse poco lontano dal fiume, per garantire agli abitanti l'acqua indispensabile ed offrire una certa protezione dagli assalti degli animali. Prima, però, fu necessario bonificare il terreno, reso paludoso dalle periodiche inondazioni che seguivano la breve stagione delle piogge. Si trattò di una vera e propria opera di ingegneria, possibile a individui ordinati in una struttura sociale già abbastanza complessa e che, ormai non si rifugiavano più dove capitava, ma lucidamente sceglievano il posto adatto a uno stanziamento e, prevedendo di tornarvi ogni anno, vi apportavano le opportune modifiche. Le ossa grandi degli animali uccisi, spolpate e private del midollo, le corna dei cervi e dei bufali, le zanne degli elefanti furono ordinatamente disposte sul suolo, alternate a blocchi di travertino. Si costruì in tal modo una solida base su cui erigere le capanne, da ritrovare, un po' dissestata, ma sempre utilizzabile dopo qualche lavoro di manutenzione, ad ogni migrazione. Cosa che ha richiesto tempo e organizzazione del lavoro. L'accampamento era diviso in varie sezioni, ognuna destinata a specifiche attività. L'*homo erectus* di Isernia aveva già a disposizione una gamma di strumenti adatti ad uso specifico. In un'area dell'insediamento sono state trovate ossa più piccole, alcune delle quali mostrano di aver subito un intenso calore. Questo, unito alla presenza di chiazze di argilla arrossata, fa pensare che nell'accampamento si usasse il fuoco e si cuocesse pertanto il cibo. Fino a questi ritrovamenti di Isernia, prove dell'uso del fuoco risalivano solo a non oltre mezzo milione di anni fa. Al momento, mentre si attende che i lavori di scavo proseguano, i reperti hanno trovato provvisoria sistemazione nel *Museo Nazionale della Provincia Pentria* ad Isernia. Recentemente è stato approvato il progetto di un imponente museo che ospiterà, accanto ai centri di restauro, di studi e di ricerche, anche una facoltà universitaria di paleontologia. E' in fase di studio da parte del Ministero dei Beni Culturali un circuito turistico comprendente *Paestum,* modello di antichità greca; Pompei, modello di antichità romana; Isernia, modello di antichità paleolitica.

Il *Museo Nazionale del Paleolitico* di Isernia è una struttura unica nel suo genere. Un centro che raccoglie veri e propri tesori del passato remoto di questa cittadina. Si trova a ridosso dell'area di scavo e rende fruibili tutti i reperti trovati nelle varie campagne, testimonianza di uno dei primi popolamenti umani in Europa. Grazie a tali reperti è possibile conoscere abitudini e vita quotidiana di questa comunità primitiva risalente a circa 700 mila anni fa. Il museo è diviso in un due grosse aree: l'area archeologica, per la ricerca scientifica, la tutela e la conservazione dei ritrovamenti e il padiglione didattico dedicato all'esposizione dei reperti al pubblico. La sala espositiva misura 65 mq. e in essa sono presenti materiali e reperti originali restaurati, tra cui una gran quantità di manufatti litici e resti ossei dei grandi erbivori sopra elencati. Le pareti hanno pannelli e quadri illustrativi che aiutano il visitatore nella scoperta del museo. Supporti digitali aumentano l'interattività fra i reperti museali e i visitatori. Il padiglione didattico è grande circa 800 mq. ed espone le scoperte archeologiche attraverso un percorso che racconta le fasi più importanti dell'evoluzione umana, dal paleolitico all'età dei metalli, con particolare riguardo alla fase pre e protostorica in Molise. Tre sono le sezioni contraddistinte da differenti colori: rosso, ocra e verde. La sezione rossa si concentra nei periodi paleolitico inferiore e paleolitico superiore, esponendo materiali provenienti dagli scavi archeologici di Monteroduni e Rocchetta al Volturno, dalle attività di sondaggio condotte a Pescopennataro, Carovilli, Vastogirardi e Sessano del Molise ed è arricchito dalla ricostruzione di una capanna paleolitica. La sezione ocra è riservata alle fasi paleolitico medio e paleolitico superiore e contiene materiali degli scavi di Civitanova del Sannio e la ricostruzione di un riparo sotto roccia con incisioni e pitture rupestri di Morricone del Pesco di Civitanova del Sannio. La sezione verde espone i reperti archeologici, del periodo neolitico e dell'età del bronzo, in particolare degli scavi di Monteroduni, Campomarino e Rocca di Oratino, Larino, Oratino, Montorio nei Frentani, Guglionesi, Longano e Casacalenda e la ricostruzione di una capanna dell'età del bronzo.

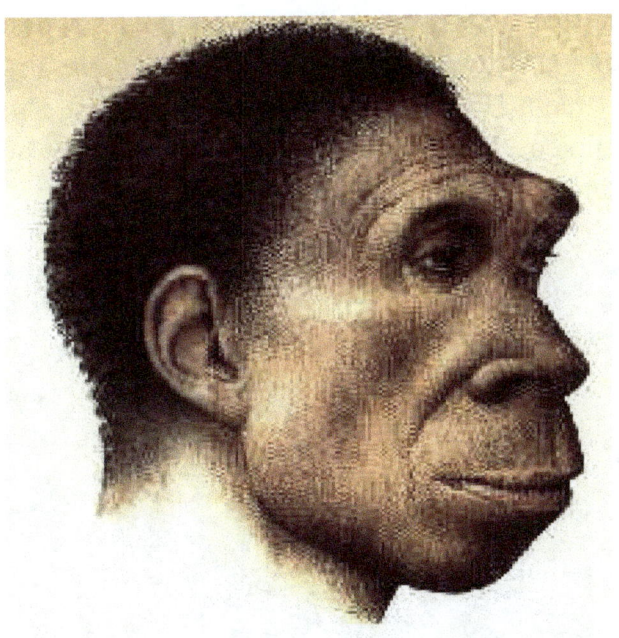

Un disegno, eseguito dagli antropologi, con la fedele ricostruzione facciale dell'*Homo Aeserniensis* come presumibilmente doveva apparire.

Frosolone, il paese dei coltelli

In realtà Frosolone[14], noto in Italia e nel mondo come il paese dei coltelli, è anche il paese dei formaggi, dei portali antichi e maestosi, delle pale eoliche e delle ginestre. Quando ci arrivai, qualche anno fa, ho fatto chilometri e chilometri su una strada che costeggia colline piene zeppe di ginestre. Non ne ho mai viste tante e tutte assieme. In certi punti, dove erano vicine alla strada, il profumo dei fiori gialli era inebriante. Altro che Coreno Ausonio. Su cui, tempo fa, scrissi: *al mio paese da ogni finestra si vede un cespuglio di ginestre.* Eppure mi pare strano. Ho sempre pensato che le ginestre fossero un arbusto tipico della flora mediterranea, mentre qui siamo lontani dal mare e quasi a 1000 metri d'altezza.

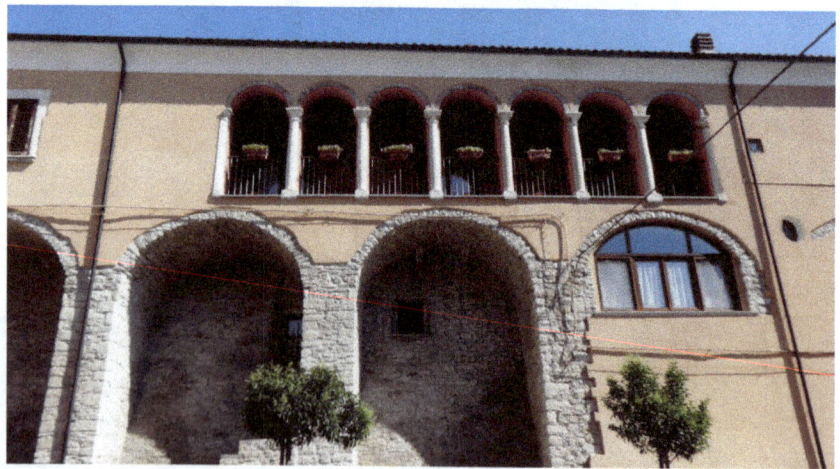

14 Frosolone è un comune italiano di 2.864 abitanti della provincia di Isernia in Molise.

Così, Francesco Longano[15], nel 1786, descrive, in maniera molto vivida, Frosolone, nel suo libro *Viaggio per lo Contado di Molise*:

> *Frosolone, una delle terre più popolate del contado, tiene una vastità grande di montagna tutta sassosa, ma fertile. Il terreno migliora verso li Cameli, e Molisi. La sua parte meridionale è atta non che a vigneti, ma altresì ad uliveti. Ha copia grande di acque perenni, le quali tutte si perdono. Ci si fabbrica un pannaccio di pochi carlini la canna. Ha molta pastorale, ed oltre all'agricoltura i suoi abitatori scorrono per più provincie coll'arte di ammolare forbici, e aggiustare le caldaje.*

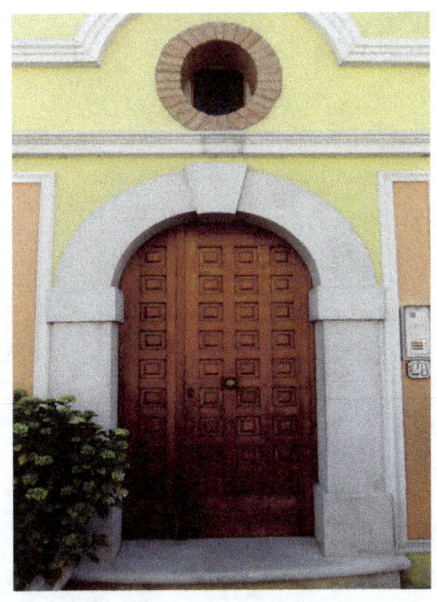

---

[15] Francesco Longano, nato a Ripalimosani il 5 febbraio 1728; morto a Santopadre, il 28 aprile 1796, è stato un filosofo e saggista italiano.

Colli al Volturno, la piccola Parigi

Piccolo centro medievale, Colli a Volturno si trova nell'Alto Molise in provincia di Isernia. Furono i virtuosi monaci benedettini di San Vincenzo al Volturno, nel periodo prima dell'anno 1.000, a dargli vita, ma l'insediamento ha origini ancora più antiche che ci riportano al VII sec. a.C. con la presenza dei Sanniti. Se siete appassionati di storia qui troverete pane per i vostri denti. Nel paese ci sono, ancora ben conservati: un acquedotto romano e i resti della *cinta muraria sannitica,* lunga sei chilometri, ancora oggi meta di numerosi ricercatori e archeologi, italiani e stranieri, interessati alle spropositate dimensioni dei massi megalitici e alla lunghezza straordinaria dell'opera.

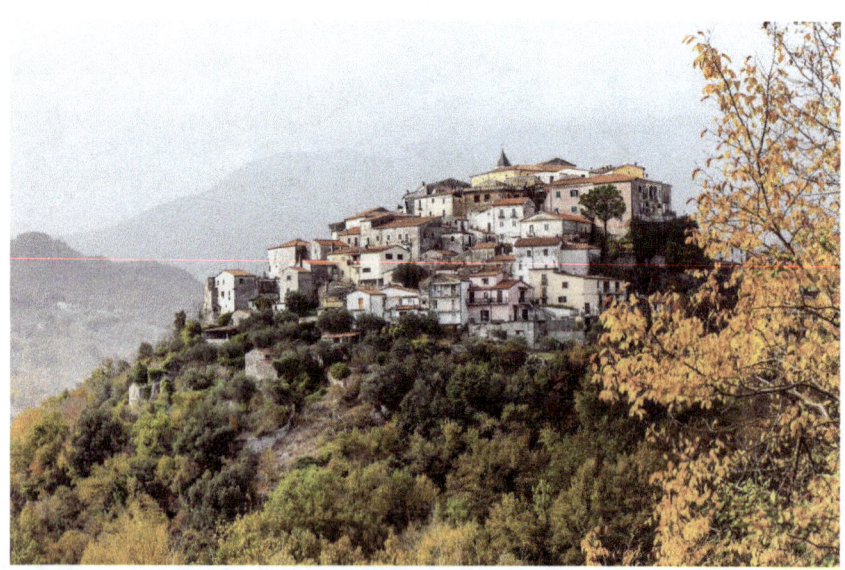

Il paese, abitato da sole 1.300 anime, gode di panorami mozzafiato, posto a un'altitudine di circa 400 m. sul livello del mare. Il paesaggio è tipico dei libri di fiaba e stupisce i visitatori affascinando con le cime del massiccio delle Mainarde e del Matese. Meta ideale per chi ama il contatto autentico con la natura e le immersioni in paesaggi antichi e incontaminati. Il territorio di Colli a Volturno, come dice il nome stesso, è detto anche *Colli,* non solo per brevità, ma anche per la sua morfologia prevalentemente collinare. Caratterizzato inoltre da ampie distese pianeggianti che invitano a fare escursioni non solo nel periodo estivo, ma anche per tutto il resto dell'anno. Se siete innamorati delle attività all'aria aperta e preferite un turismo *slow*, sostenibile e, soprattutto percorso a piedi, con gruppi organizzati e con passeggiate individuali, siete nel posto giusto. E ora possiamo finalmente svelare i motivi per cui Colli a Volturno si è meritato il simpatico titolo di *Piccola Parigi.* Peraltro in maniera abbastanza enfatica. Essi sono di varia natura e si sono susseguiti dalla prima metà del secolo scorso fino alla fine degli anni '60 circa. Ma, principalmente, si collegano ad un preciso evento storico, quando nel 1944 il Generale Charles De Gaulle entrava a Colli a Volturno per passare in rassegna i suoi soldati insieme a quelli italiani del Corpo Italiano di Liberazione. In quell'occasione venne acclamato con così tanto calore, sia dai militari sia dai cittadini del posto, che, sorpreso, esclamò: *Mi avete accolto come in una piccola Parigi.* Pare che da quel momento la popolazione abbia orgogliosamente fatto suo l'appellativo di *Piccola Parigi* e lo abbia nutrito e confortato con tre caratteristiche peculiari. Una posizione geografica comoda e strategica, tale da consentire facili spostamenti tra Campobasso, Isernia e i paesi dell'Alta Valle del Volturno. La fioritura di negozi di ogni genere, botteghe artigianali, falegnamerie e uffici di servizi di varia utilità. Un giorno al mese si teneva persino una fiera/mercato che attirava molte persone dai paesi limitrofi. Questa vitalità aveva conferito pregio e ricchezza al paese tanto da divenire una *città shopping,* simbolo di novità commerciali molto ambite. Infine per il primato di paese della valle ad aver ricevuto energia elettrica a seguito degli interventi della centrale elettrica del Volturno. Pare che questo abbia acceso ancor più l'appellativo di *Piccola Parigi.* Come si poteva fare a meno, in effetti, di attribuire a Colli al Volturno l'etichetta di piccola *Ville Lumière* del Molise?

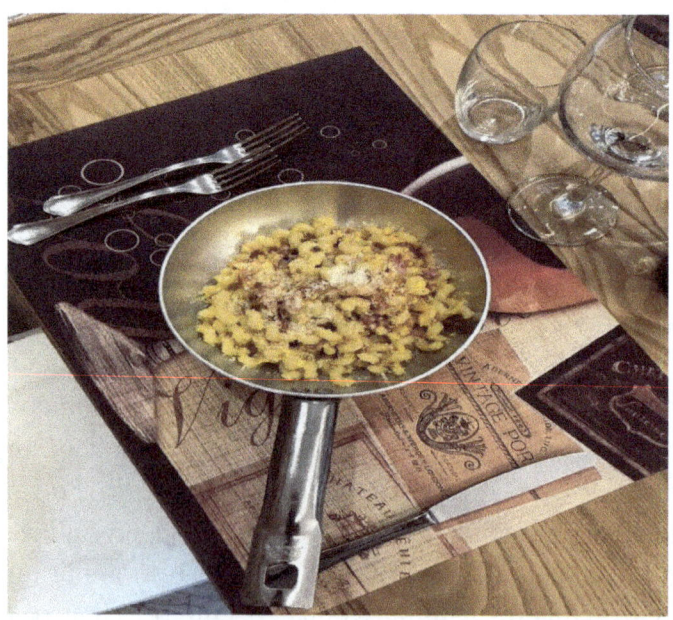

Nella foto sopra l'appetitosa preparazione dei fusilli molisani alla carbonara.

E se non bastasse tutto questo, aggiungete pure, tra le cose belle da fare e da vedere a Colli al Volturno, un interessante appuntamento gastronomico, o meglio, un'esperienza unica, che solo in Molise, qui e in qualche altro paesi della Valle del Volturno, è possibile vedere preparare e consumare. Stiamo parlando della monumentale frittata collese che ha ottenuto il riconoscimento di prodotto tipico comunale. Una pietanza eccezionalmente ricca, quasi da *guinness* dei primati in cucina, preparata il sabato prima della Santa Pasqua da abili mani e con l'incredibile uso di ben 250 uova. Una ricetta esclusiva da fare invidia ai migliori *chef* e *gourmet*. Più che una prelibatezza da portare in tavola, un rito della gastronomia; un'antica tradizione delle feste religiose. Si tratta infatti di un piatto tradizionale, la cui preparazione è molto sentita dagli abitanti collesi perché unisce le famiglie e il loro sentimento religioso alla cucina del territorio.

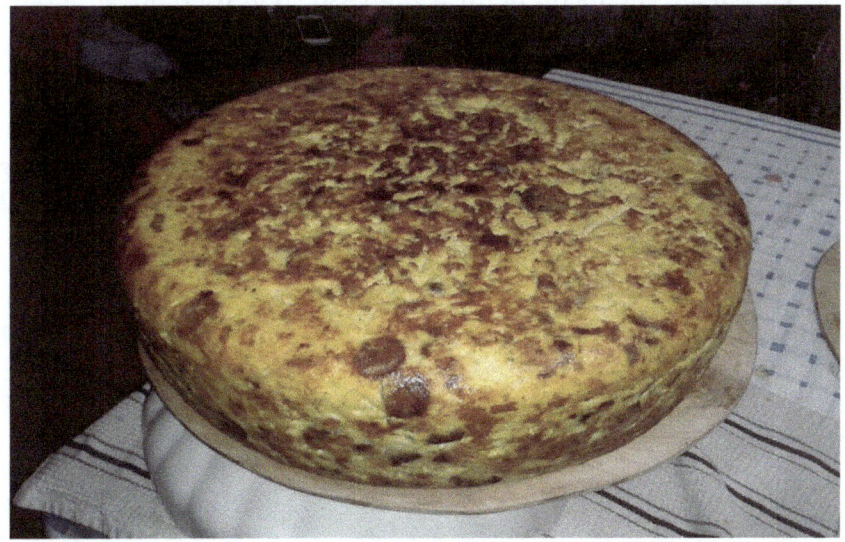

Altilia Sepino, la Pompei del Molise

Se cerchi un luogo dove immergerti nella storia e vedere dal vivo le sue tracce lasciate nel territorio molisano, di certo non può mancare tra le tue visite Altilia Sepino, con l'antico *municipium* romano di *Saepinum*, una tra le città più importanti della provincia romana, riportata alla luce praticamente intatta, tanto da meritarsi il nome di *piccola Pompei*. Il paese è sulle pendici del Matese, proprio al crocevia delle due importanti direttrici conosciute come il tratturo[16] Pescasseroli Candela[17] e la strada che collega Bojano con la costa adriatica. Visitando quest'area archeologica si possono vedere i luoghi più tipici di una cittadina romana: il teatro, il foro, la basilica, le *thermae*, la cinta muraria con le sue porte di accesso. Nell'area archeologica, alla quale si accede liberamente dalla strada e senza pagare alcun biglietto d'ingresso, potrai notare in modo chiaro quelli che erano i principi organizzativi e di urbanistica che la ponevano al centro dei più importanti traffici che l'Impero Romano aveva in questa area e che ben collegava anche le zone più meridionali del territorio. Gli scavi hanno un'ampiezza di circa 12 ettari, la pianta è quadrata e sono ancora presenti resti di una cinta muraria in *opus reticulatum*.

Si accede agli scavi attraverso quattro porte: Porta Boiano, Porta Tammaro, Porta Benevento, Porta Terravecchia.

---

16 Larga pista formata dagli spostamenti delle greggi per lo sverno.

17 Il Regio Tratturo Pescasseroli-Candela è uno dei più lunghi dell'Italia meridionale. Consente il collegamento dell'Abruzzo con il tavoliere pugliese.

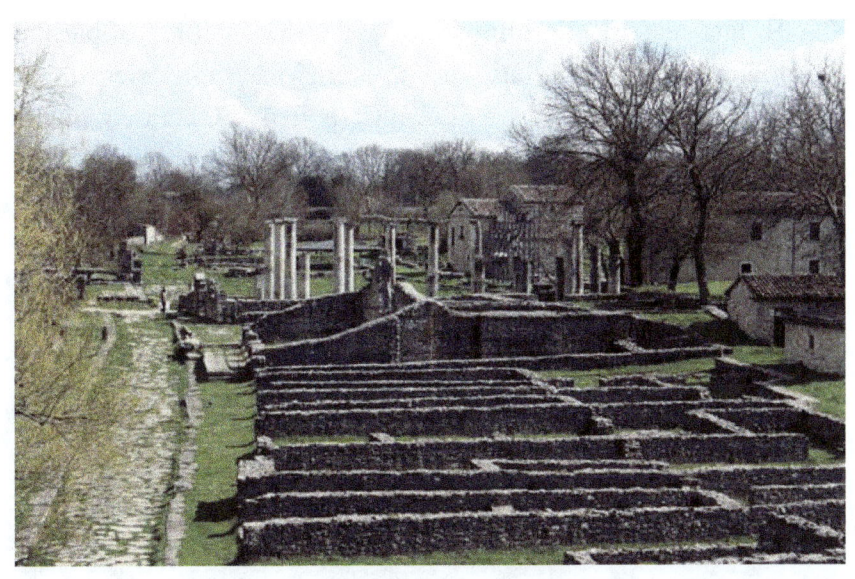

Si può visitare l'antico decumano maggiore[18], che coincide perfettamente con l'antico tratturo Pescasseroli Candela. Dove sono presenti i resti di antiche botteghe artigiani oltre che di fontane e *thermae*, e vedere da vicino la basilica con le colonne in stile dorico che confinano con l'antico foro dove si prendevano le decisioni politiche e amministrative. Da visitare tassativamente il *Municipium* di *Saepinum*. Per accedervi occorre superare la cinta muraria attraversando una delle porte poste a cavallo degli assi stradali principali della città. Delle quattro quella meglio conservata è Porta Boiano, con una chiave di volta in cui è scolpita una figura maschile, normalmente identificata con Ercole.

---

[18] Il decumano, in latino: *decumanus*, variante di *decimanus*, derivato di *decĭmus, decimo*, era una via che correva in direzione est-ovest nelle città romane. Erano solitamente basate su uno schema urbanistico ortogonale, ossia suddivise in isolati quadrangolari uniformi, in particolare per quanto riguarda le fondazioni coloniali.

Il lato esterno è impreziosito da due statue di barbari prigionieri, posti ai lati di un'iscrizione, che ricorda la costruzione delle mura tra il 2 a.C. e il 4 d.C.. Poco più in basso, sulla destra, è scolpita una disposizione imperiale, che disciplinava il transito delle greggi.

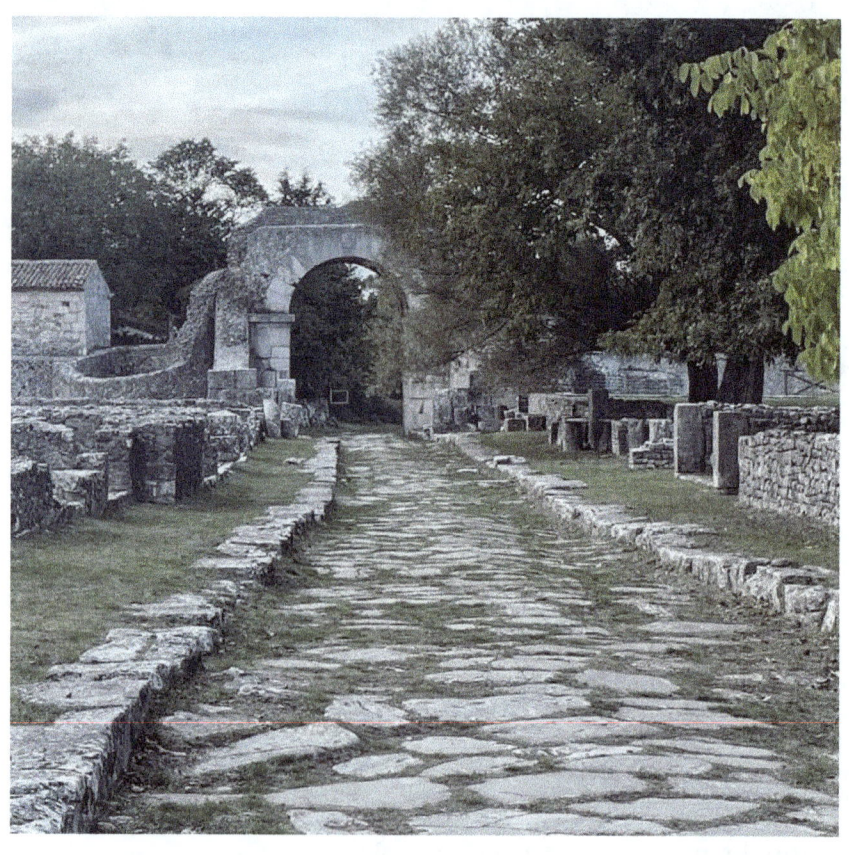

Superata Porta Boiano, s'incontrano ai lati della strada vari resti di edifici, probabilmente abitazioni, e in prossimità del foro, sulla destra, si possono ammirare alcuni degli edifici pubblici più importanti: il *macellum*, l'antico mercato, il tempio e la basilica, con le sue eleganti colonne ioniche. Ancora più avanti si raggiunge l'ampio spazio del foro, perfettamente conservato. Procedendo sulla sinistra è posta una delle antiche fontane: la Fontana del Grifo. Alle sue spalle si possono ammirare la casa del cd. *impluvium* sannitico, i resti di un mulino ad acqua e un'altra abitazione, che conserva cinque *dolia*, recipienti in terracotta utilizzati probabilmente per la conservazione dell'olio.

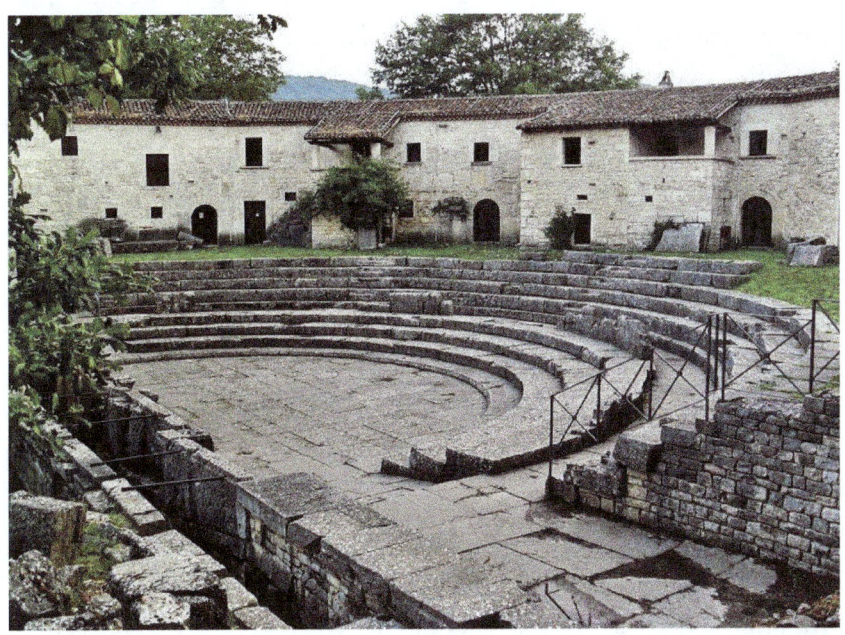

La visita si conclude presso l'edificio più monumentale dell'antica *Saepinum*: l'anfiteatro, posto a nord della città, a ridosso delle mura. L'orchestra e le parti inferiori delle gradinate sono ben conservate, mentre al posto delle gradinate superiori si trova un armonioso complesso di edifici rurali costruiti in larga parte con materiali del teatro stesso. Il riutilizzo degli antichi manufatti e la vita che ancora scorre tra le rovine dell'antica città romana, rendono quest'area archeologica unica ed emozionante. Tra le rovine romane e il paese attuale è possibile visitare i resti di un'altra città ancora più antica: *Saipins*, risalente al periodo sannitico, circa IV sec. a.C.. In località Terravecchia è infatti possibile vedere resti di mura megalitiche di difesa e delle antiche porte di accesso, tra cui la suggestiva *Postierla del Matese*. Anche se un po' difficile da raggiungere, lo sforzo del visitatore è sicuramente ripagato dalla bellezza del sito, dal silenzio che domina assoluto e dal verde vivace dei boschi. L'area archeologica di Altilia comprende, quindi, due siti archeologici: *Saipins* a Terravecchia, che sarebbe il villaggio fortificato sannita e *Saepinum* ad Altilia, ovvero la città romana. Poco distante dai siti si incontra il paese moderno con il suo borgo medievale cinto da mura e, al centro, la chiesa di Santa Cristina, con un colonnato in pietra molto elegante e singolare. Dal paese parte una stradina che raggiunge il Passo Crocella e seguendo un sentiero di montagna si arriva al pianoro di Campitello di Sepino: una delle molte distese pianeggianti circondate da boschi, tipiche del Matese. Nel mezzo del pianoro scorre il Tappone, mentre dalla roccia a Nord-ovest, da belvedere naturale si può ammirare l'imponenza di Monte Mutria da un lato e la piana di Campochiaro dall'altro.

Castelpetroso, il santuario dell'Addolorata

Castelpetroso è un comune italiano di 1.539 abitanti della provincia di Isernia in Molise, sorto in epoca normanna, nell'XI secolo. Del vecchio castello non rimane nulla, tranne parti di muratura a scarpa attorno al borgo medievale. Nel XIII secolo è citato nel *Catalogus Baronum*[19].

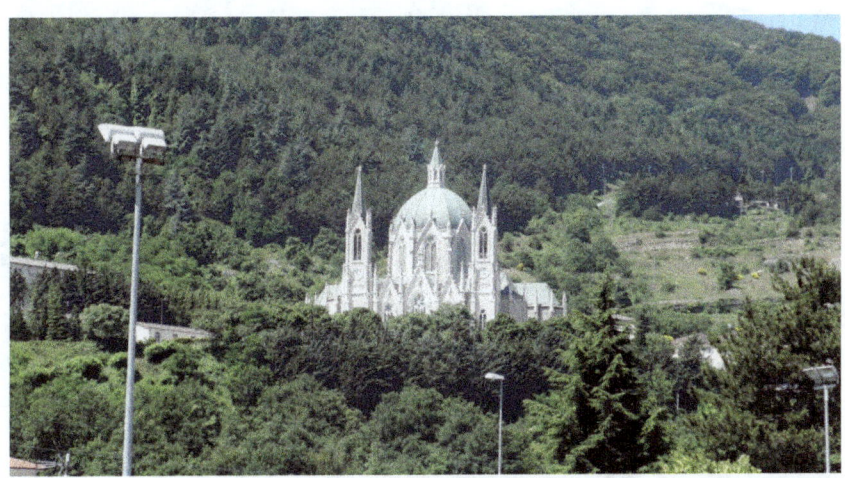

Il comune è noto soprattutto per alcune presunte apparizioni mariane. Dopo le quali, la popolazione si impegnò in una raccolta fondi che sarebbero stati necessari per la costruzione di un santuario che infine venne eretto e consacrato nel 1975. Il santuario fu dedicato alla patrona del Molise. Secondo la testimonianza delle veggenti, la Vergine Maria apparve la

---

19 Il *Catalogus baronum*, *Catalogo dei Baroni*, è l'elenco di tutti i feudatari del Regno di Sicilia e dei loro possedimenti compilato dai Normanni verso la metà del XII secolo dalla *Duana baronum*, l'ufficio regio preposto agli affari feudali.

prima volta il 22 marzo 1888 a due pastorelle di nome Serafina e Bibiana in località *Cesa tra Santi*, sulle pendici del Monte Patalecchia. A questa prima apparizione ne seguirono altre. Tale fenomeno fu in seguito riconosciuto. Il santuario, iniziato con la posa della prima pietra avvenuta il 28 settembre 1890 e completato nel 1975, è realizzato in stile neogotico. Visto dall'alto è composto da sette cappelle che raffigurano i sette dolori della Madonna, al centro delle quali c'è la cupola alta 54 metri. Il santuario e il luogo delle apparizioni sono collegati tra loro dalla *Via Matris*, lunga 750 metri, dove appunto si ricordano i sette dolori mariani.

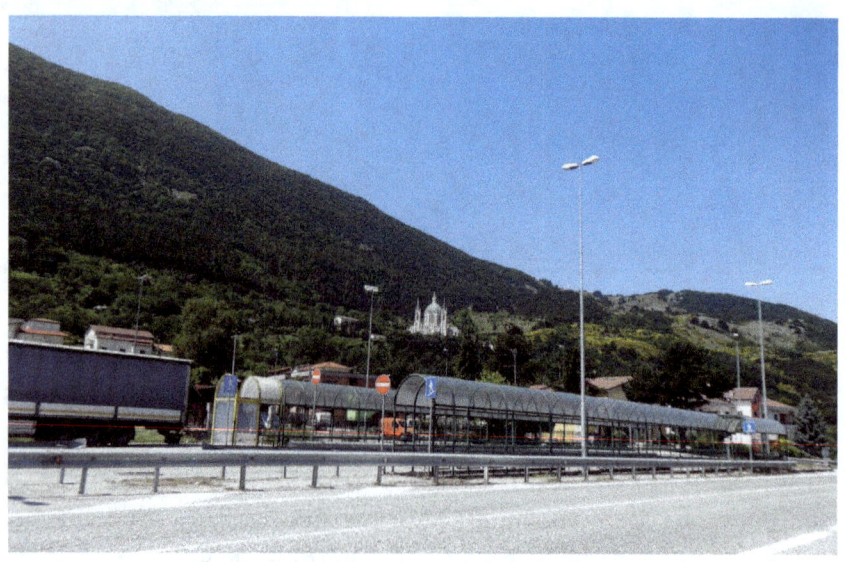

Nella foto dell'autore il Santuario dell'Addolorata visto dalla SS 17.

Isernia, le mura poligonali

Isernia, *Aesernia* in latino, *Aisernio* in osco, *Esernius* secondo Plinio, *Serni* secondo l'*Itinerario Antonini*[20], *Sèrnia* in dialetto isernino, è un comune italiano di 21.834 abitanti, terzo del Molise per popolazione dopo Campobasso e Termoli. È capoluogo dell'omonima provincia. Tra i primi insediamenti paleolitici documentati d'Europa, fiorente città sannita, capitale della Lega Italica, in seguito *Municipium* romano; luogo di reazione borbonica anti-unitaria nel 1860. Fatto assai curioso, Isernia non è stata mai dotata di un castello, ma é dotata di una robusta cinta muraria ancora in parte individuabile nel centro antico. Anche se la sopraelevazione naturale del suo abitato sulla collina, rendeva già dal XII secolo Isernia una città ben protetta.

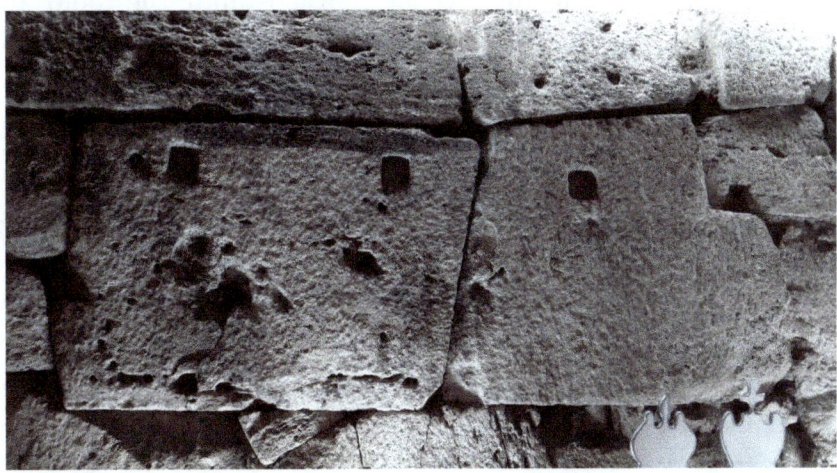

[20] L'*Itinerario antonini*, in latino, *Itinerarium provinciarum Antonini Augusti*, è un *itinerarium*, un registro delle stazioni e delle distanze tra le località poste sulle diverse strade dell'Impero romano, con quali direzioni prendere da un insediamento romano all'altro.

Il centro storico di Isernia, cioè la parte della vecchia colonia latina, era quasi completamente circondato da mura ciclopiche, ancora visibili solo in alcuni punti, risalenti al III secolo a.C.. Le mura circondavano l'area della cittadella fortificata sul tracciato delle quali nel Medioevo furono innalzate delle torrette di guardia circolari ancora perfettamente visibili. Gli elementi arrivati fino a noi riguardano la possente muratura eretta in età romana. Grossi blocchi a forma di parallelepipedo sono ancora visibili nella zona orientale della città. Il foro romano era l'attuale Piazza Andrea d'Isernia o piazza del Mercato, dove il duomo di San Pietro fu eretto sopra il tempio di Giove. Il *decumanus maximus* coincideva con l'andamento del corso Marcelli; nella ripetizione regolare dei vicoli a questo ortogonali, unica eccezione il vico Storto del Castello, si riconosce una teoria di *cardines*[21]. In epoca medievale longobardo-normanna, la cattedrale di Isernia, l'episcopio e il territorio attorno al foro vennero a costituire un polo di carattere religioso nella parte topograficamente più elevata della semidistrutta città romana; un altro polo di carattere civile si formò, secondo alcuni storici, più tardi in età longobarda, nel X secolo, fuori le mura, a nord. Quando venne istituita la Contea d'Isernia, sarebbe stata eretta, nell'area sud, tra via Occidentale e Largo Purgatorio, una fortezza, ora scomparsa, di cui però rimangono i toponimi di via Castello e vico Porta Castello. Nell'anno 847 un terremoto distrusse Isernia, altri danni furono arrecati dai Normanni, sicché la contea passò nella Contea di Boiano, o di Molise. Nel 1223 l'imperatore

---

[21] Nell'antica Roma, i cardini, erano le linee nord-sud tracciate dall'augure per delimitare lo spazio sacro, perpendicolari al decumano, nell'orientamento e nella suddivisione della città, e anche degli accampamenti militari.

Federico II, lottando contro il conte Tommaso di Celano dei Marsi, ordinò l'abbattimento totale delle mura isernine.

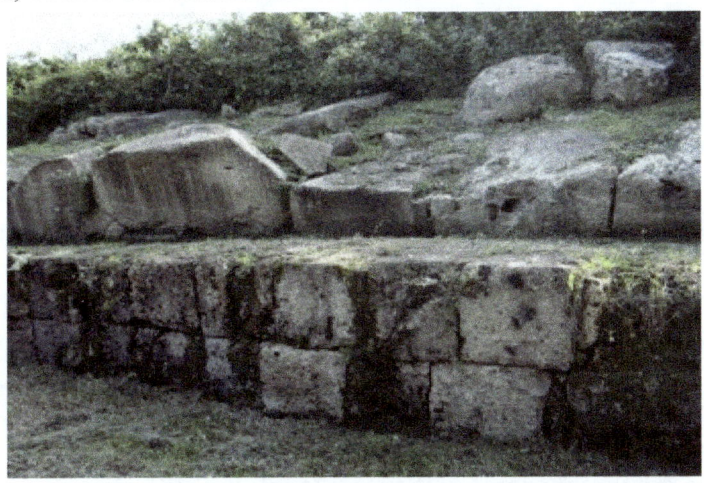

L'area delle mura ciclopiche parte dalla dalla Chiesa di San Pietro Celestino e arriva all'altezza dell'attuale piazza Celestino V, dove è situata la Fontana Fraterna davanti alla quale sono stati rinvenuti altri resti delle mura. Ulteriori resti sono stati scoperti ultimamente, durante il restauro di un locale adibito a ristorante adiacente piazza Celestino V.

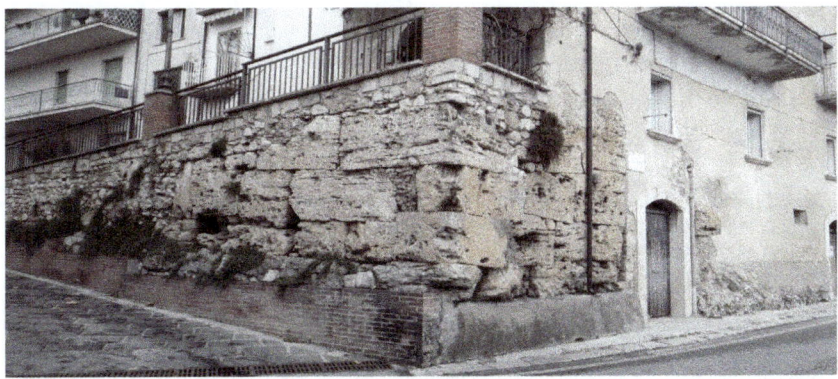

Tintilia, il vitigno dimenticato

Tintilia è un vitigno autoctono del Molise, per secoli considerato dalla popolazione locale il vitigno di eccellenza qualitativa. Se ne è rischiata la scomparsa in seguito all'introduzione di vitigni più produttivi, ma è stato salvato da una recente campagna di recupero condotta dall'agronomo Giuseppe Mogavero[22]. Per molto tempo è stato considerato un parente del Bovale Grande oppure un vitigno di origine spagnola. In effetti l'etimologia è di chiara origine spagnola, dove *tinto* indica il rosso intenso dell'uva e del vino che ne deriva. Tuttavia oggi si tende a escludere parentele affibbiate in modo semplicistico, dopo che una ricerca dell'Università del Molise non ha rintracciato strette affinità con altri vitigni. Grazie ad alcuni eroici coltivatori locali nell'ultimo ventennio è stato possibile recuperare, reimpiantare e portare a produzione questo vitigno autoctono quasi scomparso. I loro sforzi sono stati ripagati ed hanno portato alla richiesta del disciplinare D.O.C.. La relativa denominazione di origine controllata Tintilia rosso del Molise è di recentissima istituzione, approvata dal decreto ministeriale il 1° giugno 2011 per autorizzare la produzione di vini rossi e rosati in numerosi comuni del Molise[23].

---

[22] Giuseppe Mogavero, dirigente bancario e imprenditore enologico, nato a Chieti.

[23] Agnone, Belmonte del Sannio, Castelverrino, Colli al Volturno, Forli' del Sannio, Fornelli, Isernia, Longano, Macchia d'Isernia, Miranda, Montaquila, Monteroduni, Pesche, Pietrabbondante, Poggio Sannita, Pozzilli e Venafro in provincia di Isernia. e Acquaviva Collecroce, Baranello, Bojano, Bonefro, Busso, Campobasso, Campodipietra, Campolieto, Casacalenda, Casalciprano, Castelmauro, Castelbottaccio, Castellino del Biferno, Castropignano, Colletorto, Colle d'Anchise, Ferrazzano, Fossalto, Gambatesa, Guardialfiera, Guglionesi, Larino, Limosano, Lucito, Lupara, Macchia Valfortore, Mafalda, Mirabello Sannitico, Montagano, Montecilfone, Montefalcone del Sannio, Montelongo, Montemitro, Montenero di Bisaccia, Montorio nei Frentani, Oratino, Palata, Petacciato, Petrella Tifernina, Pietracatella, Portocannone, Rotello, Salcito, Sant'Angelo Limosano, San Biase, Santa Croce di Magliano, San Felice del Molise, San Giacomo degli Schiavoni, San Giovanni in Galdo, San Giuliano di Puglia, San Martino in Pensilis, Tavenna, Toro, Tufara, Trivento, Ururi e Vinchiaturo in provincia di Campobasso.

I vini devono essere prodotti per almeno il 95% dal vitigno Tintilia e possono concorrere alla produzione anche le uve di altri vitigni non aromatici autorizzati nelle province di Campobasso ed Isernia, presenti nei vigneti da soli o congiuntamente, fino a un massimo del 5%. Possono essere iscritti all'albo unicamente i vigneti ubicati su terreni collinari e situati a un'altitudine non inferiore ai 200 metri sul livello del mare. Le rese massime sono fissate a 8 tonnellate per ettaro e le uve devono assicurare una gradazione alcolica minima di 11,5% vol. per il Rosso e 12,5% per il Rosso Riserva, le uniche due tipologie autorizzate oltre al rosato. Il Tintilia del Molise Rosso è di colore rosso rubino intenso, con riflessi violacei. L'odore è vinoso, intenso, gradevole e caratteristico e il sapore secco, armonico, morbido. Gli abbinamenti ideali sono con tutta la cucina del territorio e in particolare con le carni alla cacciatora, le paste e fagioli o altri legumi, e gli antipasti.

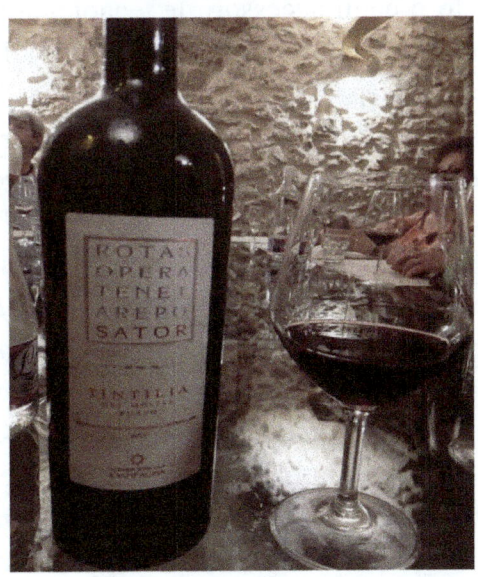

Castelpetroso, il Centro Mességué

Il Presidente della Regione Molise Michele Iorio ha inaugurato nel giugno del 2010, a Castelpetroso in provincia di Isernia, presso *La Fonte dell'Astore*, nei pressi del Santuario dell'Addolorata, sulla SS 17 che collega Isernia a Campobasso, una nuova e moderna struttura che ospita la *Fonte del Benessere Resort e Centro Mességué*. In Italia altri Centri Mességué sono situati in contesti ambientali e paesaggistici di alto livello, quali Cortina e Capri, e questo nuovo del Molise non fa eccezione. Si evidenzia, infatti, per la qualità di un *resort* a quattro stelle, frutto di una riuscita simbiosi tra architettura e creatività moderna e di uno stile pieno di *charme*. Spazi luminosi, ampie vetrate, camere pensate per accostare, nell'arredamento e negli accessori, le tecnologie più funzionali alle suggestioni e al calore degli interni: tutto all'insegna della raffinatezza e dell'eleganza. A ciò si aggiunge il lavoro degli specialisti del benessere in grado di assicurare programmi completi di *remise en forme*, cura del corpo e del viso o, più semplicemente, di riequilibrio e rilassamento. *E' la migliore struttura del Mezzogiorno* - fu il commento dell'allora Presidente Regionale - *e il Molise ha avuto la soddisfazione di vederla realizzata qui, grazie a questo splendido panorama e alla capacità imprenditoriale della famiglia Ricci. Credo non ci sia niente di più bello, per un imprenditore, che investire nel proprio territorio.* Il Centro si dota di idropercorsi e piscine; saune e *thermarium*; aree relax; *solarium* esterno; palestre e area *fitness*; ambulatori e studi per trattamenti medici ed estetici per il corpo e per il viso; aromaterapia; massaggi e fisioterapia; medicina estetica; medicina della prevenzione; dietologia e nutrizione. La *Fonte del Benessere Resort* è parte di un consorzio costituito dalle migliori eccellenze della società e dell'imprenditoria molisana: la Casa vinicola Di Majo Norante, la Fondazione *Neuromed*[24], la Fondazione Giovanni Paolo II, la Fonte del Benessere *Resort*, l'Università del Molise che, impegnate in settori differenti, quali quello della formazione e della ricerca scientifica, della medicina, dell'agroalimentare d'eccellenza, del turismo e della cura del benessere delle persone, si sono prefisse l'ambizioso obiettivo di dare un contributo concreto e fattuale allo sviluppo sociale ed economico della Regione. L'intento è quello di promuovere il Molise, in Italia e all'estero, come un luogo esclusivo di benessere, dove ambiente, alimentazione e stili di vita trovano la perfetta sintesi, all'insegna della prevenzione, dell'attenzione alla salute e del vivere meglio.

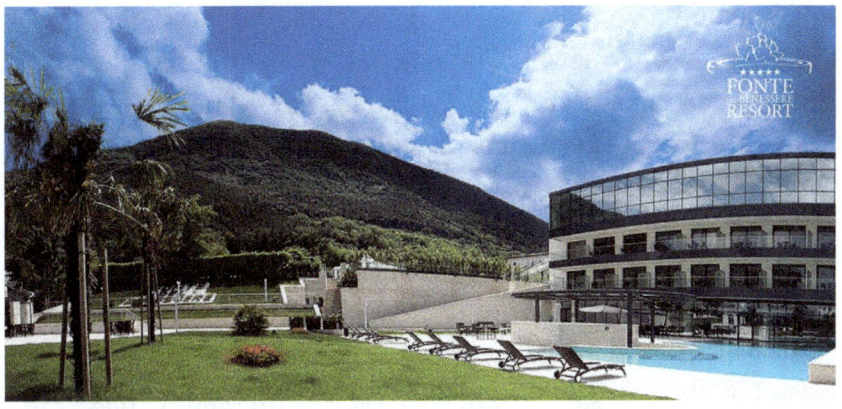

---

[24] La *Fondazione Neuromed* svolge attività di ricerca, in settori chiave e *di frontiera* delle neuroscienze, presso il Parco Tecnologico di Pozzilli, IS.

I nuovi zampognari

Dopo una lunga e gloriosa tradizione, negli ultimi decenni, in Molise, sia la musica che la costruzione della zampogna, rischiavano seriamente di scomparire. Fortuna che, negli ultimi anni entrambe hanno ricevuto un notevole impulso. Oggi sono tanti i giovani che si avvicinano all'uso di questo antichissimo strumento che pare risalire addirittura all'epoca imperiale romana. Sebbene in molti ricolleghino la zampogna esclusivamente alle festività natalizie e alla civiltà contadina e pastorale, questo strumento vanta, in realtà, una tradizione lunghissima. La zampogna era, infatti, uno degli strumenti suonati da Nerone e persino un'antica leggenda narra che Giulio Cesare riuscì a sconfiggere i Britanni proprio grazie al suono delle zampogne che spaventarono i cavalli dei soldati nemici. L'immagine della zampogna, considerata strumento umile e obsoleto, si sta fortemente rivalutando e questo, finalmente, la conduce ad occupare, nella musicologia, il rango e la dignità che merita. Tuttavia l'artigianato della zampogna, che un tempo era diffuso in buona parte d'Italia, è rimasto, ormai, circoscritto a una zona estremamente ridotta e si concentra soprattutto in Molise e, più in particolare, nel paese di Scapoli[25]. Il paese è sede permanente del *Museo Internazionale della Zampogna* intitolato al sindaco Pasquale Vecchione e della *Mostra Permanente della Zampogna*. Allestito negli anni '70 nel cuore del centro storico, presso i ruderi della chiesa di Santa Maria, fu ingrandito una prima

---

[25] Scapoli è un comune italiano di 579 abitanti della provincia di Isernia in Molise. Fino al XV secolo fu parte integrante del Giustizierato d'Abruzzo e dell'Abruzzo Citeriore.

prima volta nel 1990 poi ancora nel 2010. Nacque come esposizione annuale dello strumento con la prima edizione allestita nel 1975, ma il museo vero e proprio vide la luce da un progetto nel 1981 proprio per iniziativa del sindaco, morto prematuramente. Sebbene la mostra dell'associazione usufruisse degli spazi museali già dal 1991, con l'istituzione di una festa ricreativa a tema, che prevedeva anche degustazione di prodotti tipici, in vista del Natale, e le mostre annuali continuassero a susseguirsi, il museo ha visto la sua vera e propria nascita, con una sua sede permanente, solo nel 2002.

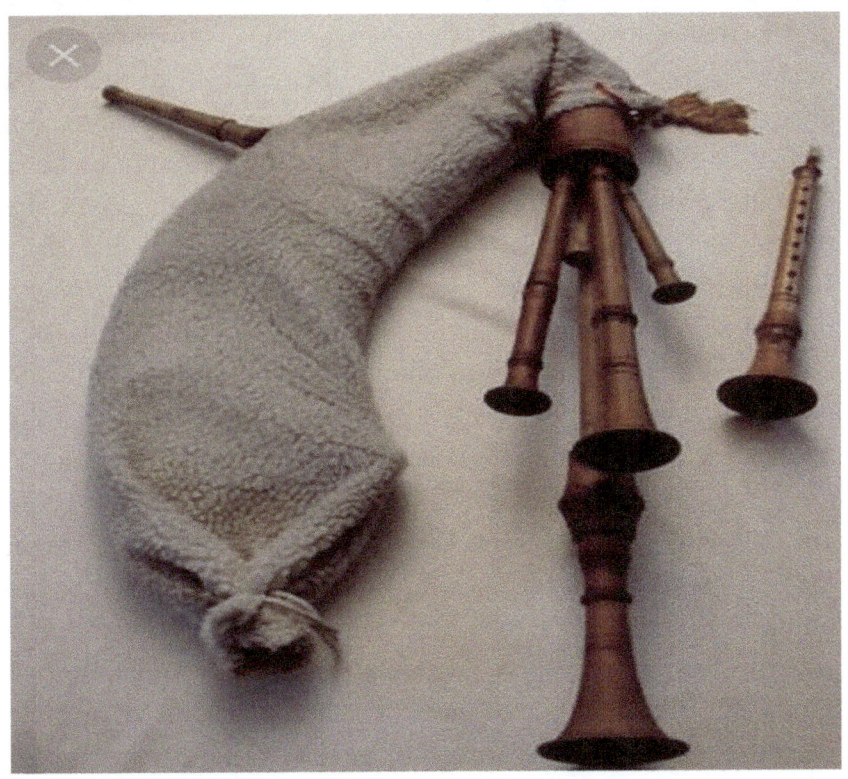

Il museo offre un percorso storico dello strumento musicale, delle leggende, delle tradizioni locali del Natale, modelli storici di grande pregio e modelli più moderni. Esiste un secondo museo scapolese della zampogna, in Corso Kennedy, all'ingresso del paese, che consiste in due piccole stanze che conservano modelli originari di zampogne, alcune di esse provengono da Scozia, Romania e Turchia, e sono frutto di donazioni da parte di associazioni estere con cui Scapoli ha contatti. Attualmente c'è una controversia tra la *Mostra della Zampogna* e il *Museo Pasquale Vecchione*, in quanto pare che quest'ultimo contenga solo modelli riprodotti, mentre l'altro è gestito interamente dagli storici mastri bottegai. A parte queste beghe di carattere provinciale a Scapoli, attualmente si continuano a realizzare due tipi di zampogne. La cd. zampogna *zoppa*, che ormai non viene suonata praticamente più e che si presenta priva della chiave posta sul *chanter*[26] maggiore che caratterizza, invece, il modello attualmente più diffuso e suonato nell'Italia meridionale; e la zampogna *a chiave*, quella più nota e prodotta in maggiore quantità, costituita da due *chanters* diseguali: uno corto munito di 5 fori digitabili di cui 4 anteriori ed uno lungo, caratterizzato da tre fori più quello della chiave; da due bordoni, di cui solo il maggiore emette suono; da ance doppie per ogni canna sonante; da due campane poste alle estremità dei fusi dei *chanters* e dall'otre. I legni maggiormente utilizzati per la costruzione delle zampogne molisane sono il ciliegio per le campane e l'ulivo, ma anche l'acero, il sorbo, il prugno o l'albicocco per i fusi dei *chanter* ed i bordoni. Il legno più pregiato, ma anche più costoso e difficile da reperire è quello di ebano. Gli otri vengono, generalmente,

---

[26] Sono le canne della melodia, a differenza dei *bordoni* che eseguono una sola nota.

ricavati dalle camere d'aria delle ruote d'auto rivestite in vello sintetico. Su richiesta vengono realizzati anche otri in pelle di capra o di pecora. La zampogna con chiave viene realizzata in diversi modelli in base alla tonalità che vengono, convenzionalmente, contraddistinti da numeri prestabiliti.

Ho avuto il privilegio di conoscere personalmente e di apprezzare uno dei nuovi zampognari. Probabilmente uno dei più talentuosi tra quelli emergenti della nuova ondata. Giuseppe *Spedino* Moffa, di Campobasso. Premio Tenco nel 2015. Giuseppe è un polistrumentista molisano, compositore e, soprattutto suonatore di zampogna, che riesce a unire nel suo repertorio le indiscutibili influenze sonore della sua terra al *blues*[27]. Si esibisce sia come solista che in *jam session*[28]. *È un sorprendente autore di canzoni, orientate da una cifra narrativa costantemente irridente e beffarda, e da una grande attenzione ai frammenti emotivi di esperienze periferiche. La scrittura delle sue canzoni privilegia la narrazione di storie appartenenti a una provincia appartata ma per niente inerte, riconducibile alla poetica e all'etica della paesologia.*[29]

Dal 2016 Giuseppe Moffa collabora con Canio Loguercio e Alessandro D'alessandro altri due noti musicisti, come chitarrista e zampognaro, e ha preso parte alle registrazioni di *Canti, Ballate e ipocondrie d'Ammore*, CD vincitore della Targa Tenco 2017 come miglior disco in dialetto. Sempre nel 2017 ha vinto il concorso di musiche tradizionali *Oltreterra Folkontest*[30].

---

[27] Forma di musica vocale e strumentale caratterizzata da una struttura di dodici battute.

[28] Una *jam session* è una riunione, regolare o estemporanea, di musicisti che si ritrovano per una performance musicale.

[29] Note tratte dal suo sito web.

[30] Festival di musica folk che si tiene da qualche anno ad Asciano, SI.

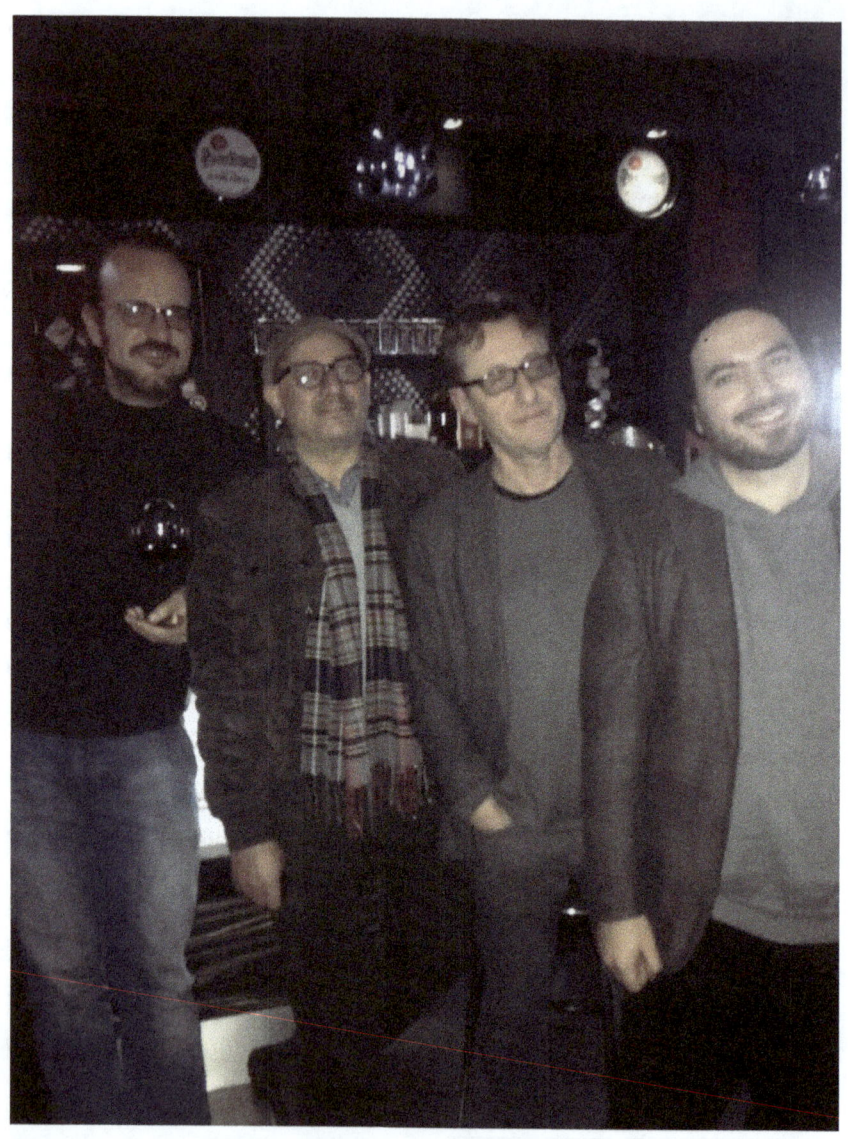

Nella foto l'autore: Salvatore M. Ruggiero, ritratto tra Giuseppe Spedino Moffa, e gli altri due musicisti: Canio Loguercio, cantautore e Alessandro D'alessandro, organettista.

Un Molise ciociaro o una Ciociaria molisana

La Ciociaria è il nome con cui nella prima metà dell'800 cominciano ad essere chiamati alcuni territori compresi tra l'odierno Lazio e la Campania. Più o meno gli stessi territori corrispondenti all'antica *Alta Terra di Lavoro*[31], senza limiti geografici ben definiti. A partire dal ventennio fascista lo stesso nome fu usato dalla stampa locale, da associazioni promozionali e manifestazioni folcloristiche, come sinonimo della provincia di Frosinone, introdotta nel 1927 da Mussolini, e dell'insieme delle tradizioni popolari del suo territorio. L'identificazione della Ciociaria con il territorio della provincia è fatta propria dalla stessa azienda di promozione turistica della provincia di Frosinone. Ma una descrizione geo antropologica della Ciociaria, che definisca con precisione i suoi confini geografici e delle sue peculiarità etniche e antropologiche, non è mai stata veramente fornita. Al punto che per alcuni radicali non si potrebbe nemmeno parlare di Ciociaria per indicare un luogo geografico, figuriamoci una subregione. Per altri, invece, se ne potrebbe parlare, eccome, ma restringendo il suo territorio alla città di Frosinone e al suo circondario limitrofo. Per altri ancora la Ciociaria corrisponderebbe al *Latium Adiectum*. E, infatti, considerano la *Grande Ciociaria* come il territorio che comprende tutto il Lazio meridionale, includendo in essa le province di Latina e Frosinone, per intero. Quindi si potrebbe dire che la Ciociaria condivide lo stesso destino del

---

[31] Corrispondeva al *Latium Adiectum*, la parte più settentrionale dell'antica provincia di Caserta.

Molise. Non esiste. Oppure che ne esistono tante, forse troppe. Ad ogni modo il primo, e certamente non ultimo per importanza, che ha parlato di un molise ciociaro o di una ciociaria molisana è stato, con buona approssimazione, Guglielmo Quadrotta[32], al quale nel 1924, l'allora podestà di Frosinone Pietro Gizzi, promotore de *La Ciociaria*, affidò la direzione della rivista. Seguendo l'esempio delle varie iniziative culturali che sorgevano in altre città laziali: a Viterbo *La nuova Provincia*, a Rieti *Latina Gens* e *Terra Sabina*, per l'istituzione di nuove entità amministrative. Gli studiosi che scrivevano su *Ciociaria Nuova* passarono a pubblicare i loro contributi su *La Ciociaria* del Quadrotta e, probabilmente condividendo i disegni politici di chi prevedeva la soppressione della provincia di *Terra di Lavoro*, arrivarono nei loro articoli a proporre una vera e propria *nuova regione* che, secondo il Gizzi, avrebbe dovuto essere chiamata *Ciociaria* e comprendere l'intera Valle del Liri, da Tagliacozzo a Sessa Aurunca, le paludi pontine, da Anzio a Terracina, nonché una parte dell'attuale Molise compreso Venafro e i paesini limitrofi.

Il Cipolla[33], invece, non comprende Venafro e il Molise nella sua ripartizione, ma poco ci manca, perché vi comprende Subiaco in provincia di Roma e Tagliacozzo in provincia de L'Aquila. Sulle pagine de *La Ciociaria* infatti proclama: *(Del confine della Ciociaria) ...figura di un rettangolo limitato 1) a nord-ovest, da Velletri, Palestrina, Subiaco; 2) a nord-est, da Subiaco, Tagliacozzo, Civita d'Antino, Sora, Atina, Sant'Elia*

---

[32] Guglielmo Quadrotta, nato a Frosinone il 28 febbraio 1888; morto a Roma nel 1975, è stato un giornalista, scrittore e editore italiano.

[33] Carlo Cipolla, nato a Pavia il 15 agosto 1922; morto a Pavia il 5 settembre 2000, è stato uno storico e accademico italiano, specializzato in storia economica. Ha insegnato in Italia e negli Stati Uniti.

sul fiume Rapido o Gari, che, affluendo nel Liri, dà origine al Garigliano; 3) a sud-est da Sant'Elia sul fiume Rapido o Gari, Monte Massico, Sessa Aurunca; 4) a sud-ovest dal Mar Tirreno.

Infine, sempre Guglielmo Quadrotta, nel più vicino 1968, propose di nuovo di identificare gli artificiali confini ciociari con quelli dell'antico *Latium Novum*[34], annettendo questa volta pure i Castelli Romani.

> *La Ciociaria costituisce il Lazio meridionale, il Latium Adjectum o Novum dei Romani, che oltre il territorio primitivo dei Latini, comprendeva le terre degli Ernici, dei Volsci, degli Ausoni, allargandosi ad est e a sud sino ai confini della Marsica, del Sannio, della Campania.*

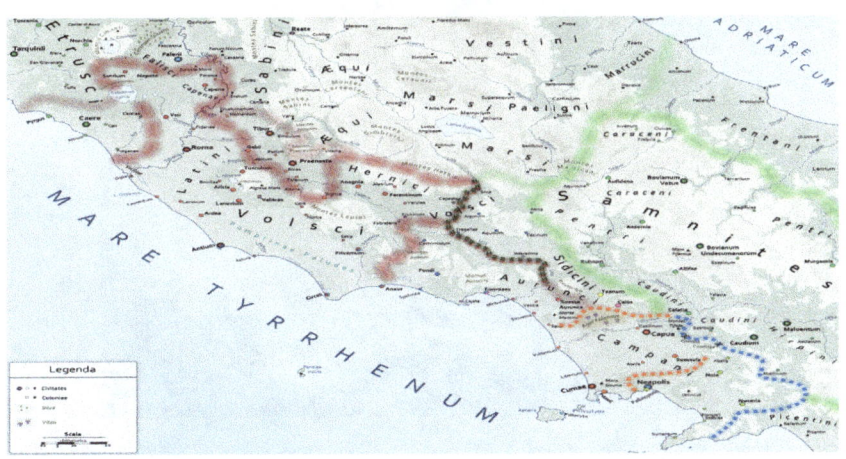

Nella cartina sono rappresentate il *Latium Adiectum* e parte della Campania, del Molise e dell'Abruzzo all'epoca della Prima Guerra Sannitica.

---

[34] Il *Latium novum*, Lazio nuovo, sinonimo di *Latium adiectum*, Lazio aggiunto, era un territorio dell'Italia antica, i cui limiti sono segnati a sud dal fiume Liri o, secondo Plinio il Vecchio, anche da Sinuessa, a nord dal Circeo, e ad est dalla costa settentrionale del lago Fucino. All'interno il *Latium adiectum* arrivava fino a *Casinum*, l'attuale Cassino.

51

Il poeta dell'esperanto

Dopo tante belle storie molisane, la tragica storia dell'amico Amerigo Iannacone. Ma, diciamolo. Solo il capitolo finale del suo percorso terreno è stato tragico, perché il resto della sua storia di vita fu affascinante e bello, come belle e affascinanti sono tutte, o quasi, le storie molisane che ho raccontato.

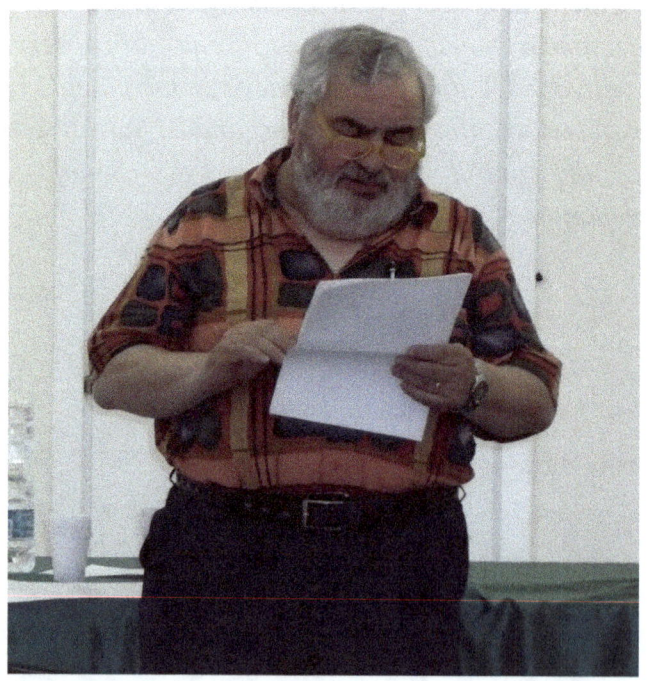

Amerigo Iannacone nasce a Venafro il 17 maggio 1950 e muore a Venafro in una maledetta mattina d'estate, il 12 luglio 2017, all'età di 67 anni, investito da un'auto nel centro di Venafro, mentre attraversava la strada. Andava a comprare il giornale, come ogni mattina. E' stato uno scrittore, poeta, editore e, soprattutto, esperantista[35] italiano. E' vissuto a Ceppagna, frazione di Venafro, sua città natale ed ha insegnato alle scuole superiori. Oltre a numerosi altri riconoscimenti, ha anche ottenuto due volte il *Premio della Presidenza del Consiglio per la Critica Letteraria*. Da editore indipendente aveva fondato e diretto le *Edizioni Eva*, attraverso i suoi tipi pubblicava i suoi libri e quelli degli altri, tanti, suoi amici scrittori e poeti. Aveva creato un catalogo copioso, ponderoso e assai interessante. Amerigo era un uomo semplice, essenziale, serio, disponibile ed estremamente competente in diversi campi, uno spirito libero della poesia, della storia, e un professionista dell'editoria, delle lingue e dell'esperanto di cui era un profondo studioso e appassionato estimatore. L'esperanto era la sua passione. Ne aveva fatto una delle sue missioni di vita. E' stato autore di un *Piccolo Manuale di Esperanto*. Fu fondatore, nel 1986, e direttore del mensile letterario e di cultura varia *Il Foglio Volante - La Flug Folio*. Ha anche collaborato a diverse altre testate giornalistiche.

Io l'ho conosciuto personalmente il buon Amerigo. Ho avuto questo privilegio. Non mancava mai alle mie iniziative letterarie. Quando veniva a sapere che ce n'era una partiva alla volta di Coreno, in compagnia della moglie Mariagrazia e, dopo i sempre calorosi saluti di rito, a me, ai suoi amici poeti e scrittori presenti, si accomodava in platea, sempre in prima fila per assistere attento e senza distrazioni. Non era mai intervenuto alle discussioni, anche quando lo citavo,

---

[35] L'esperanto è una lingua artificiale, sviluppata tra il 1872 e il 1887 dall'oculista polacco di origini ebraiche Ludwik Lejzer Zamenhof. È la più conosciuta e utilizzata tra le lingue ausiliarie internazionali.

sottolineando la sua presenza, e lo sollecitavo, platealmente ma calorosamente, a dare un suo contributo alla discussione. Amerigo era un tipo modesto e schivo, di certo non amava mettersi in evidenza. Per lui era importante partecipare alle mie iniziative culturali. A tutte le iniziative culturali alle quali poteva accedere. Amava le iniziative letterarie e amava presenziare. Una volta, sette anni fa, nel maggio del 2015 pranzammo insieme. In occasione del matrimonio di Margherita, una nostra comune amica che si interessava anche lei di libri. Li sceglieva, li amava e li vendeva nella sua piccola, indipendente, eroica libreria di Via Rubino, a Formia. Fu una delle occasioni conviviali più interessanti e piacevoli che io ricordi. Insieme agli altri amici commensali Marco e Giuseppe parlammo serratamente per alcune ore. Di libri, di storia e di poesia, naturalmente. Ma anche di politica, di attualità, e persino di calcio e di donne.

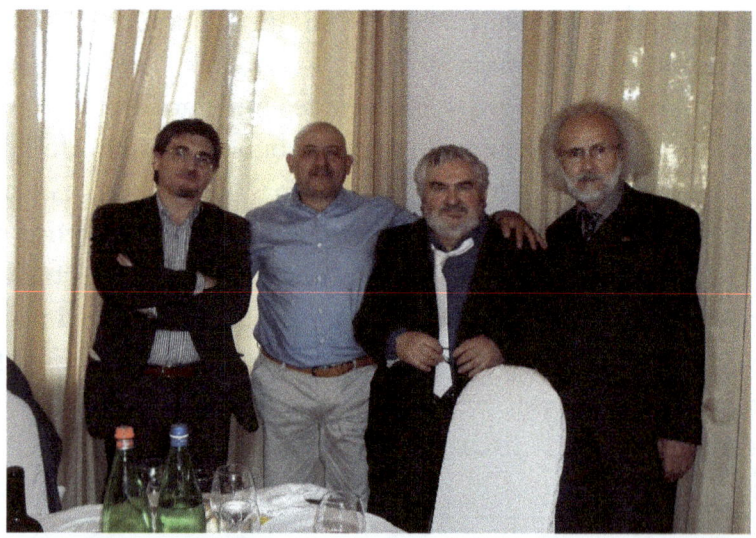

Nella foto, l'autore ritratto tra lo storico Marco Ciano, Amerigo Iannacone e il poeta Giuseppe Napolitano.

Un'altra volta, e fu l'ultima in cui lo vidi, ci incontrammo a Supino, l'anno dopo, per una delle iniziative del vulcanico amico comune Dante Cerilli. L'occasione fu offerta dalla presentazione dell'antologia letteraria *Gli Orpelli Svaniti,* alla quale entrambi avevamo collaborato. Lui lesse una sua poesia paesologica che io avevo scelto, da inserire nel mio capitolo, tra le sue tante pubblicate nella rivista *Le Pagine Lepine.* La poesia era dedicata alle sue care, imponenti montagne venafrane. Mi piace riproporla qui come un doveroso omaggio ad Amerigo, in degno ricordo della sua apprezzabile arte.

Cime che fanno corona
immobili antiche maestose
intorno alla casa modesta
raccontano storie remote
di bimbi con loro in simbiosi
di volti da tempo scomparsi
di lavori sofferti ed amati
di canti spiegati nei campi
di cuori protesi al futuro
di fervidi afflati rurali
di affetti immortali.
Montagne indifferenti
al cosiddetto progresso
al codice binario
ai giorni incalzanti e concitati
con un refolo di vento
con una nuvola bassa
mandano antichi sussurri
del tempo perduto e rimpianto.

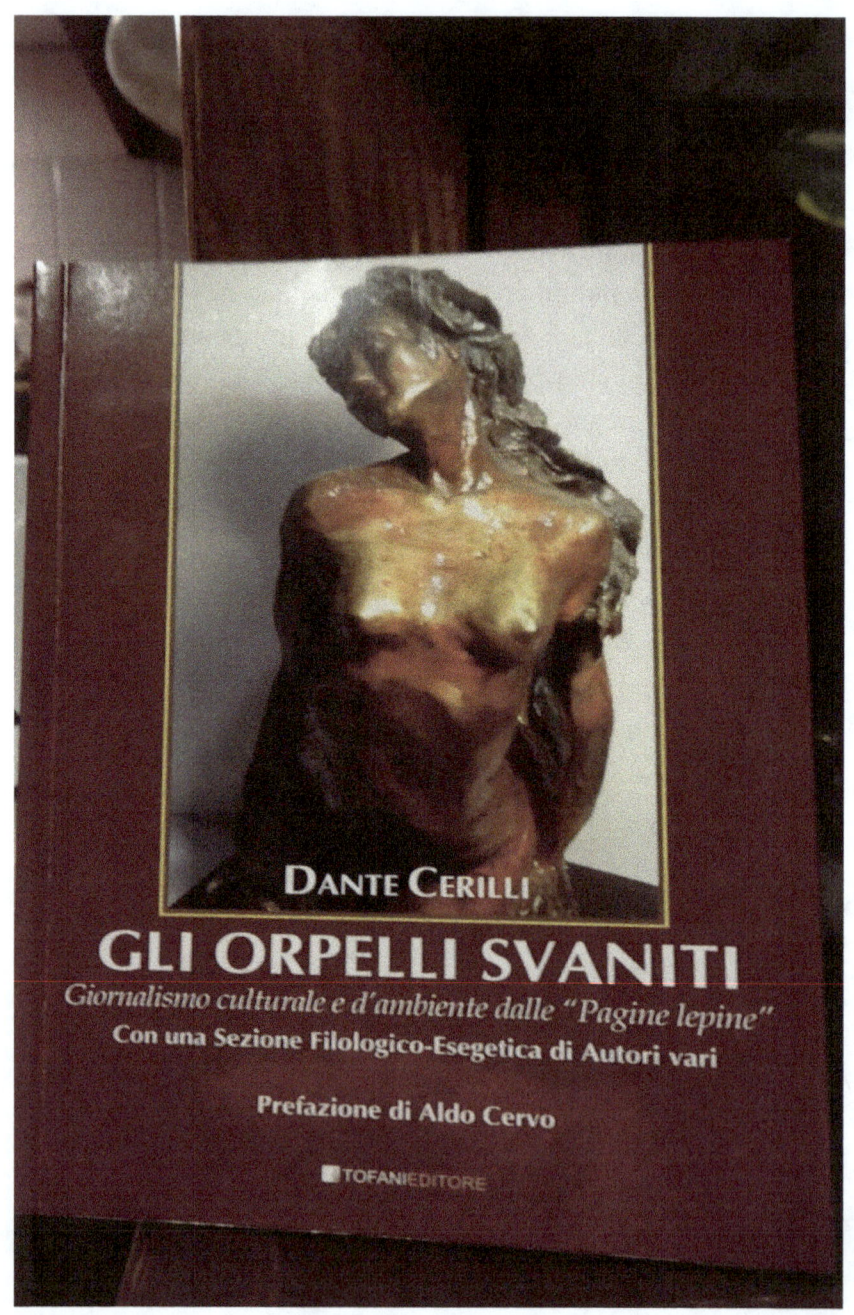

DANTE CERILLI

GLI ORPELLI SVANITI

Giornalismo culturale e d'ambiente dalle "Pagine lepine"

Con una Sezione Filologico-Esegetica di Autori vari

Prefazione di Aldo Cervo

TOFANIEDITORE

La valle delle Janare

Nel 1064, tra Carpinone e Frosolone esisteva una *Valle delle Janare*. E' attestato in un documento ufficiale. Si tratta di un codice del Monastero di Montecassino, che riguarda i confini del Monastero di San Marco di Carpinone, riportato da Erasmo Gattola, alla pagina 228 della sua *Historia*, pubblicata a Venezia nel 1733.

in balle janara

Erasmo Gattola, battezzato con il nome di Domenico, nacque a Gaeta, il 4 agosto del 1662, da Girolamo e Giovanna d'Albito, ambedue di nobile e ricca famiglia. Dei dieci figli sopravvissuti solo alcuni abbracciarono attività mondane nella magistratura del Viceregno, mentre la maggior parte della prole fu destinata dai genitori alla vita ecclesiastica. Tra questi Erasmo, che la madre, essendo il padre morto nel 1669, condusse nel novembre 1675, appena tredicenne, nell'abbazia di Montecassino, dove vestì l'abito di San Benedetto, il 30 novembre del 1676. La sua attività nel monastero cassinese si orientò immediatamente verso la ricerca erudita, diretta, in un primo momento, alla difesa dei privilegi dell'abbazia, che rischiavano di essere ridotti per l'atteggiamento del governo vicereale. In questa occasione il Gattola compose un volume manoscritto di 152 fogli, che conteneva cinque dissertazioni destinate a ritrovare la giustificazione storica di molte prerogative economiche e giuridiche del monastero.

Nel suo documento amanuense si legge: ...*et de Carpenona, et cum ascenderit per ipsum rivulum, et vadit per pede de Guastu, et per directe salierit **in balle janara** in cacumine ipsum mons, de quarta namque pars per ipsus monasterii habet fine territoria de Fresolone...*

Il sospetto, ovviamente, è che si tratti semplicemente di un toponimo che ricorda l'esistenza, in quel luogo, di un culto dedicato alla dea Diana[36]. Non c'è uniformità di giudizio sul nome Janara, che potrebbe derivare da *Dianara*, ossia sacerdotessa di Diana, dea romana della luna. Per questo motivo le *Dianare* avevano come simbolo la mezza luna crescente ed erano protettrici dei bambini che avevano il *mal della luna*, detto anche *mal sacro*, ovvero l'epilessia[37]. Secondo altri il nome Janara deriverebbe dal latino *ianua*, che significa porta. Era appunto dinanzi alla porta, che, secondo la tradizione, era necessario collocare una scopa, oppure un sacchetto con grani di sale o sabbia. La strega, costretta a contare i fili della scopa, o i grani di sale o sabbia, avrebbe

---

[36] Diana è una dea italica, signora delle selve, protettrice degli animali selvatici, custode delle fonti e dei torrenti, protettrice delle donne, cui assicurava parti non dolorosi. Spesso questa dea romana si fa corrispondere alla dea Artemide della mitologia greca, ma secondo alcuni studiosi la fusione fra le due figure avvenne solo in un secondo momento.

[37] L'epilessia, dal greco ἐπιληψία, *essere preso, colto di sorpresa*, è una condizione neurologica caratterizzata da ricorrenti manifestazioni dette appunto crisi epilettiche. Una crisi epilettica è una scarica parossistica, ossia improvvisa, di una popolazione di neuroni che contraggono tra loro sinapsi reciproche.

indugiato fino al sorgere del sole, la cui luce pare fosse sua mortale nemica. Oppure, ancora, potrebbe derivare dal greco ζανασ, che si legge *janas*, e significa *fata*.

Nel medioevo cristiano il culto per Diana, protettrice del mal della luna, fu sostituito da quello per S. Donato che, non a caso, è anche lui il protettore dei bambini malati di epilessia ed è spesso rappresentato in abiti vescovili e tenendo in mano un evangelo con una mezzaluna crescente sovrapposta.

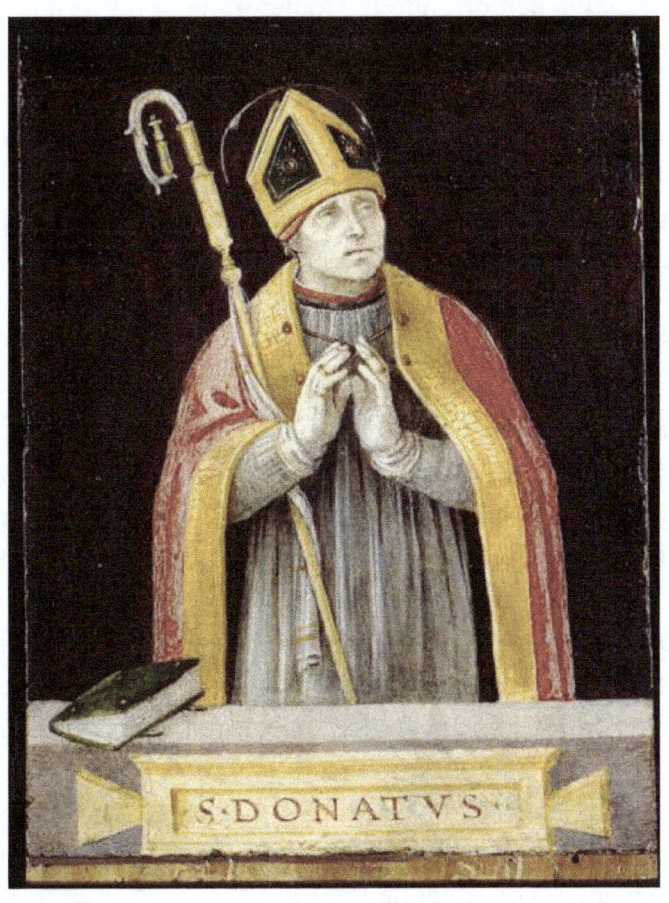

La transumanza

Strettamente legata alle consuetudini, agli usi e ai costumi della cultura agro pastorale è l'antica pratica della transumanza. Consiste praticamente nella migrazione stagionale delle greggi, delle mandrie e dei pastori che si spostano da pascoli situati in zone collinari o montane verso quelli delle pianure, nella stagione invernale o, viceversa, nella stagione estiva percorrendo le vie naturali dei tratturi. La parola transumanza deriva dal verbo *transumare*, ossia *attraversare, transitare sul suolo*. Il verbo è costituito dall'accostamento del prefisso latino *trans* che vuol dire *al di là/attraverso*, e della parola latina *humus* che vuol dire *suolo/terreno*. La transumanza si svolge in due fasi distinte. Per le quali si usano i termini di: *monticazione,* parola che deriva dal verbo monticare, indica la fase iniziale della transumanza, che si compie nel periodo primaverile, quando avviene il trasferimento degli armenti e dei pastori dalle zone di pianura ai pascoli di alta quota, dando inizio all'alpeggio; e *demonticazione*, che definisce il successivo trasferimento inverso che, nel periodo autunnale, riporta gli animali e i pastori dai pascoli in quota a quelli di pianura, nella fase di discesa successiva al periodo estivo dell'alpeggio. Tale usanza nei secoli scorsi ha condizionato pesantemente la vita del pastore, che non poteva contare sull'apporto delle strutture tipiche dell'allevamento moderno, quali la stalla e gli impianti di foraggiatura, mungitura e refrigerazione del latte. In Italia questa antica usanza consisteva nel *transumare* gli animali dai monti abruzzesi e molisani ai ricchi pascoli della Maremma toscana e del Tavoliere delle Puglie.

Nel meridione, in particolare, l'importanza economica di tale attività era tale da essere gestita da due specifiche istituzioni del Regno di Napoli: la Regia dogana della mena delle pecore, con sede a Lucera e poi a Foggia, e la Doganella d'Abruzzo. Dopo il 1447 divenne la principale fonte economica per molti paesi abruzzesi e tale rimase fino alla fine del 1800. Gli Aragonesi cercarono anche di dare impulso all'industria della lana, ma i risultati attesi da Alfonso d'Aragona non furono raggiunti e l'industria della lana del Regno di Napoli non riuscì mai a competere con quella della Spagna, delle Fiandre, dell'Inghilterra. Laddove la zootecnia ovina e caprina resta ancora praticata, il trasferimento degli animali avviene spesso attraverso l'autotrasporto utilizzando appositi autocarri, ovviamente dove questo è possibile logisticamente ed economicamente conveniente. A riprova della rilevanza di tale pratica nell'economia e nella società, è stato calcolato che nella metà del XV secolo non meno di tre milioni di ovini e trentamila pastori percorressero annualmente i tratturi e che l'impatto che la pastorizia esercitava era tale da fornire sussistenza, direttamente o indirettamente, a metà della popolazione abruzzese. Nel XVII secolo i capi coinvolti nella transumanza erano circa cinque milioni e mezzo. Con l'Unità d'Italia i contadini riscattarono i terreni dedicati ai pascoli e li dedicarono alla coltivazione. Questo portò alla diminuzione dell'economia legata alla transumanza.

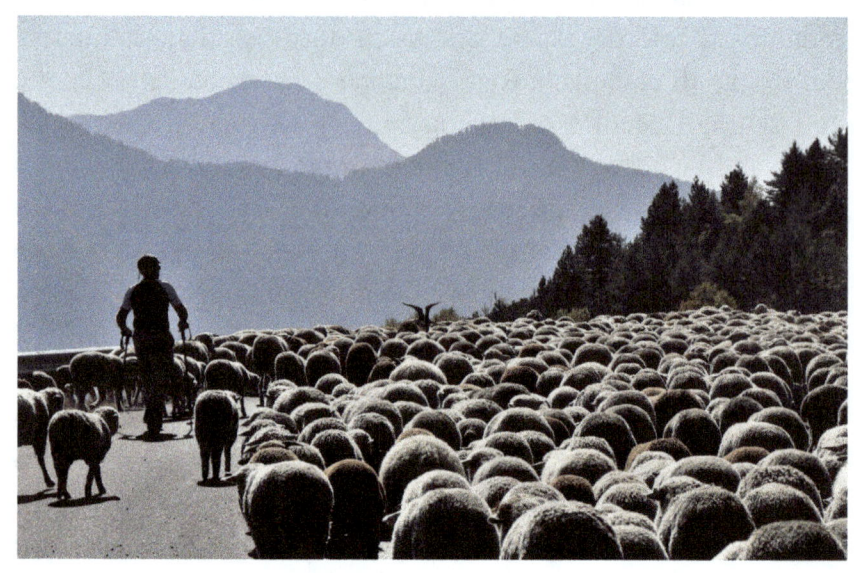

La transumanza avveniva battendo sentieri assai larghi, detti *tratturi*, forniti di diramazioni longitudinali, detti *tratturelli* e trasversali, detti *bracci*. Il viaggio durava molti giorni e si effettuavano soste in luoghi prestabiliti, noti come *riposi* o *stazioni di posta*. Con l'avvento della moderna zootecnia e l'allevamento intensivo direttamente negli allevamenti l'attività di transumanza si è fortemente ridotta. Al giorno d'oggi è praticata soltanto in limitate zone d'Italia, specialmente in alcune località alpine e prealpine della Valle d'Aosta, del Piemonte, della Liguria, della Svizzera italiana, dell'Altopiano di Asiago, della Lessinia, del Trentino, dell'Alto Adige e della Carnia, della Campania, della Puglia e del Lazio, nonché in Sardegna dai pastori di Villagrande e Arzana. In Sicilia viene ancora praticata nella zona delle Madonie, a Geraci Siculo. Infine, anche nelle zone appenniniche maggiormente vocate del Molise e dell'Abruzzo, muovendo principalmente verso sud e verso Roma. In Italia l'intreccio di queste vie armentizie è stimato in 3.100 km, e si rileva per lo più nei territori delle regioni centro-meridionali. Le vie erbose si trovano diffuse principalmente in Abruzzo, Molise, Basilicata, Campania e Puglia. Le loro piste, in autunno erano percorse in direzione sud, verso la Puglia, dove esisteva, presso la città di Foggia, la Dogana delle pecore; mentre in primavera le greggi percorrevano il percorso inverso, tornando ai pascoli montani dell'Appennino centrale, dove la pastorizia era invece regolata dalla Doganella d'Abruzzo. L'intero apparato stradale si origina nelle zone montane e più interne dell'area abruzzese, attraversa il molise meridionale e si conclude nelle Puglie. Lungo i percorsi si incontravano campi coltivati, piccoli borghi dove si organizzavano le soste, dette *stazioni di posta*, chiese rurali, icone sacre, pietre di confine o indicatrici del tracciato.

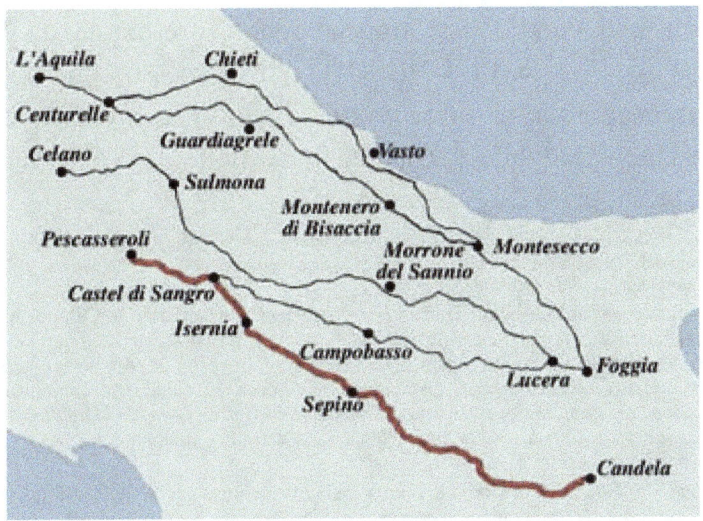

Il tratturo più battuto, ancora esistente, è quello che collega Pescasseroli, AQ a Candela, FG. Il *Regio Tratturo Pescasseroli-Candela* è il secondo o terzo tratturo, per ordine di lunghezza, dell'Italia meridionale. Grazie ai suoi 211 km, esso consente il collegamento dell'Abruzzo montano con il tavoliere pugliese, percorrendo anche gli intermedi, antichi cammini molisani probabilmente già seguiti in epoca romana e preromana e poi riutilizzati a partire dal Basso Medioevo[38]. Ad oggi, l'antica via, sfruttata per il transito del bestiame, attira l'interesse di un nutrito e vivace novero di storici e di studiosi desiderosi di sottolineare il valore socioeconomico, culturale e antropologico di uno dei percorsi solcati nei secoli dalle ripetute transumanze dei pastori e delle greggi.

Nel 2019 la transumanza è stata anche inserita dall'UNESCO[39] nella sua *Lista del Patrimonio Culturale Immateriale*[40], riconoscendo il valore dell'antica pratica sulla base di una candidatura transnazionale presentata da Italia, Austria e Grecia. L'UNESCO ha ammesso due tipi di transumanza, quella *orizzontale*, che avviene nelle regioni pianeggianti, e quella *verticale*, tipica delle aree di montagna.

---

[38] Il Basso Medioevo è una suddivisione storica del periodo medievale, segna il periodo della storia europea e del bacino del Mediterraneo convenzionalmente compreso tra l'anno 1000 circa e la scoperta dell'America nel 1492, preceduto dall'Alto Medioevo.

[39] Organizzazione delle Nazioni Unite per l'Educazione, la Scienza e la Cultura. In inglese *United Nations Educational, Scientific and Cultural Organization*, da cui l'acronimo UNESCO è un'agenzia specializzata delle Nazioni Unite creata con lo scopo di promuovere la pace e la comprensione tra le nazioni con l'istruzione, la scienza, la cultura, la comunicazione e l'informazione per promuovere *il rispetto universale per la giustizia, per lo stato di diritto e per i diritti umani e le libertà fondamentali*, quali sono definite e affermate dalla Dichiarazione universale dei diritti umani.

[40] *Patrimonio culturale immateriale* è un paradigma politico per lo sviluppo sostenibile e pacifico di tutte le comunità interessate a riconoscersi in una propria pratica, una rappresentazione, un'espressione, una conoscenza o un'abilità, nonché degli strumenti, oggetti, artefatti e spazi culturali legati a questi elementi.

Evidenziando così l'importanza culturale di una tradizione che ha modellato le relazioni tra comunità, animali ed ecosistemi, dando origine a riti, feste e pratiche sociali che animano principalmente l'estate e l'autunno, e sono segno ricorrente di una pratica che si ripete da secoli con la ciclicità delle stagioni in diverse parti del mondo.

Infine, come si potrebbe parlare o scrivere di transumanza senza citare il vate Gabriele D'Annunzio e una delle sue poesie più celebri *Pastori*?

Settembre, andiamo. È tempo di
migrare.
Ora in terra d'Abruzzi i miei pastori
lascian gli stazzi e vanno verso il
mare: scendono all'Adriatico
selvaggio che verde è come i pascoli
dei monti.

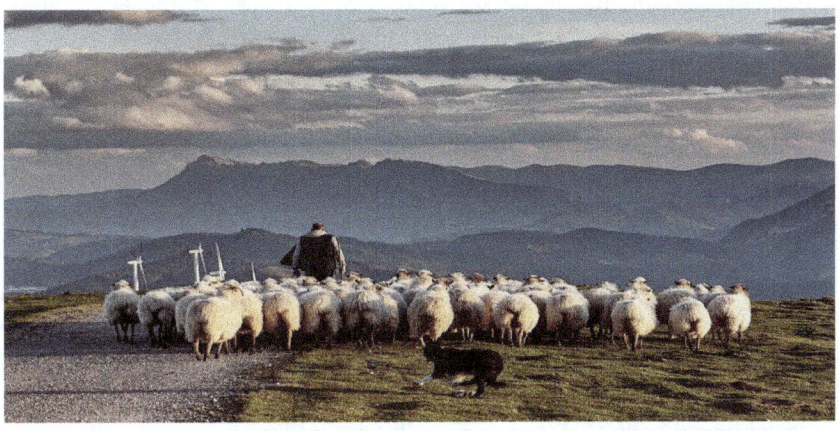

Avvertenza dell'autore

Devo candidamente confessare, per l'onestà intellettuale alla quale provvedo sempre di ispirare tutte le mie attività umane, compresa quella letteraria, che alcune parti dei testi riportati in questo libro non costituiscono indistintamente *farina del mio sacco*, essendo ampi stralci dello stesso, insieme ad alcune foto, il risultato di un vasto, impegnativo, assai fruttuoso e imprescindibile, lavoro di ricerca e di documentazione, e provengono parzialmente o totalmente, da siti enciclopedici o da siti d'arte, architettura, archeologia, religione, storia e geografia o, ancora, da *blog* e *forum* di viaggi e di turismo. Questo assunto, ovviamente, non toglie valore anzi, a mio modesto avviso, ne aggiunge un'ulteriore dose, alla attendibilità storica e letteraria del libro, la cui funzione, voglio ricordarlo, è di pura e semplice divulgazione e valorizzazione dei paesi e dei territori che ne sono l'oggetto. Ringrazio quindi gli *A.A.V.V.* che, inconsapevolmente, hanno contribuito in modo determinante alla buona riuscita di questo mio lavoro, fortemente caratterizzato, certamente, dai risultati della mia personale e doverosa esplorazione dei posti e da un serio studio, oltre che da una certosina ricostruzione letteraria, artistica e storico geografica. Ma reso possibile, perfezionato e infine confezionato, solo grazie alla mia spiccata e insaziabile curiosità e dal mio personalissimo *intuitus personae*.

INDICE

www.ingramcontent.com/pod-product-compliance
Lightning Source LLC
Chambersburg PA
CBHW051222170526
45166CB00005B/2008